Ismael Leandry Vega

Doctor en Jurisprudencia
Premio Derecho Penal
Facultad de Derecho Eugenio María de Hostos
Premio Benicio Sánchez Castaño
Colegio de Abogados de Puerto Rico

La Gran Depresión Económica del Siglo XXI

El colapso de la economía de Puerto Rico

Editorial Espacio Creativo

Charleston, SC

ISBN-13: 978-1492303237　　　　　*ISBN-10: 1492303232*

Datos para catalogación:

Ismael Leandry Vega

La gran depresión económica del siglo XXI: el colapso de la economía de Puerto Rico
Editorial Espacio Creativo. 2013. Charleston, SC

1. Depresión económica

2. Desempleo

3. Economía

4. Gran depresión económica

5. Gran recesión económica

6. Pobreza

7. Recesión económica

8. Subempleo

Tabla de contenido

Capítulo uno
Colapsos económicos por dondequiera

Capítulo dos
Gran depresión económica en Puerto Rico

Capítulo tres
Frases y pensamientos

Agradecimiento

A los políticos de Puerto Rico, ya que por culpa de sus ineficientes y corruptas acciones oficiales han convertido a Puerto Rico en un pobre, violento, depresivo, corrupto, indeseable y repugnante chiquero socioeconómico.

Dedicatoria

A los cientos de miles de habitantes de Puerto Rico que, debido al colapso de la economía de Puerto Rico, han tomado la decisión de emigrar hacia los Estados Unidos continentales.

Introducción

De entrada, tengo que decir que este pequeño libro está relacionado con la poderosa depresión económica que, para tristeza de los titulados, ha estado azotando a la mayoría de los países. También puedo decir que el contenido de este librito está relacionado con las *recesiones económicas* que, para perjuicio de los comercios, han estado afectando a las economías de algunos países. Y sobre esto último, no está de más recordar que una recesión económica es «una caída de la actividad económica por un periodo de varios trimestres seguida de una recuperación.»[i]

Ahora bien, como actualmente vivo en Puerto Rico tengo que decir que la inmensa mayoría de la discusión se centrará sobre lo que ha estado ocurriendo con esa maldita gran depresión económica que, durante este depresivo siglo XXI, ha estado azotando a los empobrecidos habitantes de Puerto Rico.

Y sobre eso de que Puerto Rico, en donde los pequeños comerciantes están ahogados por los impuestos y por los altos costos de los servicios de agua y luz, está en gran depresión económica, no está de más mencionar –*en esta parte introductoria*– que dicha depresión es tan fuerte que «Puerto Rico batalla con una economía tozudamente débil, un persistente déficit presupuestal y una deuda abrumadora.»[ii]

Dicho eso ahora debo indicar, para su beneficio, que a pesar que discutiré asuntos que están relacionados con la economía, el contenido del libro está centrado en las *consecuencias mentales y socioeconómicas* que producen las recesiones, crisis y depresiones económicas. Y el énfasis, como ya he dicho, está centrado en los estragos que ha producido la gran depresión económica en Puerto Rico.

Así, por ejemplo, en una sección de este libro encontrará informaciones que demuestran que las depresiones económicas, para perjuicio de las parejas compuestas por personas jóvenes, afectan negativamente las actividades sexuales.

Como adelanto de ese asunto puedo decir que *los científicos sociales* han demostrado, en lo pertinente, que «cuando una persona tiene problemas o conflictos (...), como el no tener ingresos, estar en el desempleo o temer perder el trabajo, repercute en su deseo y en su estado de ánimo y disminuye la frecuencia y la calidad de las relaciones sexuales.»[iii]

Otro asunto que discutiré, es el que está relacionado con la correlación que existe entre depresión económica y aumento de la actividad criminal. Como adelanto de ese triste asunto puedo decir, en esta parte introductoria, que los habitantes de Puerto Rico saben que la prostitución es un delito. Sin embargo, a pesar de saber eso hemos visto que esta *gran depresión económica*, caracterizada por unos elevados índices de desempleo y de quiebras personales y comerciales, ha «llevado al trabajo sexual a personas de todas las orientaciones sexuales, clases sociales y niveles educativos.»[iv]

Otro asunto que discutiré es que, durante las depresiones económicas: (1) es altamente riesgoso y difícil montar pequeños comercios; y (2) las quiebras de los pequeños negocios son numerosas y constantes.

Como adelanto de eso puedo decir que, durante una depresión económica es sumamente difícil montar un pequeño negocio ya que los bancos se ponen duros a la hora de otorgar préstamos. Y eso, tristemente, *repercute negativamente* en la economía. Digo eso ya que «una economía moderna no puede funcionar cuando el ciudadano no puede obtener crédito fácilmente.»[v]

Tampoco se puede olvidar que los pequeños negocios, para poder sobrevivir, dependen de los consumidores. Y los consumidores, para poder comprar en los pequeños negocios, necesitan tener buenos empleos.

El problema es que, como ya sabemos, durante las depresiones económicas las personas sufren despidos, recortes de salarios y recortes en las jornadas laborales. Por lo que las probabilidades de que gasten dinero en los pequeños negocios, *para perjuicio de los pequeños comerciantes,* disminuyen considerablemente. Por eso es que en Puerto Rico, durante esta maldita gran depresión económica, miles de pequeños comercios han quebrado y/o han cerrado sus puertas.

En fin, el punto central de esto es que «el *consumo doméstico,* uno de los principales motores del crecimiento, se ve directamente afectado»: (1) por los despidos; (2) por el alto desempleo; (3) por los recortes en los salarios; (4) por la constante emigración; y (5) por las alzas en los impuestos y en los costos de los servicios de agua y luz.[vi]

Otro asunto que discutiré, es el que establece que la salud mental de los pueblos se empeora cuando son azotados por depresiones económicas. Como adelanto de ese peligroso asunto, puedo decir que la salud mental que más se afecta es la de los pobres y, sobre todo, la de los nuevos pobres (las personas que bajaron de la clase media a la clase baja).

Digo eso ya que uno puede notar que, cuando un país está atravesando por una depresión o gran depresión económica un enorme sector de la población se vuelve pobre. Y esos nuevos pobres, al igual que los que ya eran pobres, se llenan de estreses y angustias. Y el gran problema con eso es que esas situaciones pueden generar «violencia, exclusión social y una permanente sensación de inseguridad.»[vii]

También puedo mencionar, sobre el asunto del empeoramiento de la salud mental, que durante una depresión económica, al igual que durante una gran depresión económica, uno puede notar que los suicidios aumentan significativamente.

Buena prueba sobre eso es un estudio realizado por investigadores de la **Universidad de Indiana**, ubicada en los Estados Unidos de

América. Digo eso ya que los resultados de ese estudio, que fueron dados a conocer en plena depresión económica (en 2012), demostraron que las tasas de suicidio –en EUA– «aumentaron lentamente de 1999 a 2007, pero crecieron más de cuatro veces más rápido entre 2008 y 2010.»[viii]

Ya que he mencionado a los pobres, debe saber que también discutiré el asunto de los irresponsables programas de austeridad que han aprobado los Gobiernos para tratar de cumplir con sus compromisos económicos.

Como adelanto de eso, puedo decir que he notado que la inmensa mayoría de los *programas de austeridad*, especialmente los planes de Grecia, España y Puerto Rico, «dan como cosa juzgada que las clases medias y los más pobres tendrán que hacerse cargo con recortes a los servicios sociales y nuevos impuestos...».[ix]

Por otro lado, todo el mundo sabe que toda persona mental y físicamente saludable, en especial *si ha obtenido un título académico*, necesita reconocerse «como persona productiva.»[x] Por lo que los Gobiernos, al igual que las empresas privadas, deben hacer todo lo que esté en sus manos para que dichas personas consigan buenos empleos y se sientan socialmente productivas.

Pues bien, si uno analiza lo que ha estado ocurriendo en los países que están atravesando por una gran depresión económica, como *Puerto Rico, España y Grecia,* veremos que muchísimas personas están entristecidas ya que, por estar desempleadas o subempleadas, no sienten que sean productivas.

Y en el caso de Puerto Rico eso se ha tornado en un asunto preocupante y peligroso, puesto que ese enorme entristecimiento por no sentirse productivas ha llevado a muchísimas personas jóvenes y educadas a emigrar hacia los Estados Unidos continentales.

Por eso es que, como verá más adelante, muchísimos expertos han indicado –a gritos– que «Puerto Rico necesita generar plazas de trabajo bien pagadas para evitar el éxodo masivo de profesionales.»[xi]

Dicho eso, debe haber notado que señalé que durante las depresiones económicas muchísimas personas bajan de clase social. Pues bien, al analizar lo que ha ocurrido en Puerto Rico veremos que eso ha ocurrido. Ahora bien, lo más preocupante es que esta gran depresión económica será tan larga que, tristemente, «se espera que (...) los niños nacidos en la clase media bajen de estatus.»[xii]

Otro asunto con los nuevos pobres, que debo mencionar en esta parte introductoria, es que muchos han perdido sus seguros médicos privados al perder sus trabajos o, tristemente, al no poder pagar dichos seguros debido a los recortes de salarios y/o de jornadas laborales. Pues bien, lamento tener que decir que esos nuevos pobres han aprendido, duramente, una máxima que siempre ha estado presente entre los más pobres, a saber, que «el pobre puede morir, lo que no puede es estar enfermo.»[xiii]

¿Sabe por qué los pobres siempre han dicho que no pueden enfermarse? Porque, en primer lugar, saben que no podrán pagar los altos costos de muchos servicios médicos. Además, los pobres saben que en caso de una enfermedad grave tendrán que dejar de pagar uno o varios servicios básicos en aras de poder pagar medicamentos y/o procedimientos médicos.

Ahora tengo que decir, por otro lado, que usted notará que en varias páginas he mencionado que la gran depresión económica de Puerto Rico será larga y agobiante. También notará que he indicado que es altamente probable que la economía de Puerto Rico, que se nutre *del dinero de los narcotraficantes,* no se recupere del todo. Y eso, indudablemente, provocará que el narcoestado de Puerto Rico sea oficialmente clasificado como un país pobre y tercer mundista.

Como adelanto de eso puedo decir que, tristemente, Puerto Rico está en una peligrosa situación económica. Ello en vista de que su economía no tiene la capacidad productiva para «insertarse en la economía global.»[xiv] Digo eso ya que, por ejemplo, Puerto Rico no es un competidor de la manufactura a nivel global. De hecho, actualmente es más barato mandar a fabricar bienes —entre otros países— en México, China, República Dominicana y Bangladés que en Puerto Rico.

A eso se suma que se vislumbra que la mayoría de las gigantes farmacéuticas que están en Puerto Rico, que ofrecen miles de empleos y exportan grandes cantidades de medicamentos, poco a poco se irán marchando de Puerto Rico con el fin de radicar sus operaciones en países en donde sus operaciones sean más económicas. Y cuando eso ocurra, el colapso económico de Puerto Rico será irreversible. Por eso creo que lo que dicen algunos economistas, de que «hay que poner a Puerto Rico en el mapa de las exportaciones otra vez», no es más que pura utopía.[xv]

Otro asunto que demuestra que *la economía de Puerto Rico ha colapsado* es que, angustiosamente, Puerto Rico: (1) no está produciendo empleos decentes; (2) no está produciendo empleos con buenas pagas para las personas que no tienen conexiones políticas; (3) depende de los fondos que otorga el Gobierno Federal de los Estados Unidos de América; y (4) penaliza con impuestos y aumentos en los servicios básicos (agua, alcantarillados y energía eléctrica) a las personas que trabajan.

A eso se suma que la fuerza laboral puertorriqueña «es una de las más bajas del mundo, lo que indica que *a un alto porcentaje de puertorriqueños* les resulta mejor depender de los beneficios del Gobierno que trabajar.»[xvi]

Como ha visto, es obvio que Puerto Rico no puede ser floreciente si la mayoría de la gente es pobre y, sobre todo, si una enorme porción de los habitantes piensa que no vale la pena derrochar la vida trabajando para morir convertido en un malgastado muerto de hambre.

Por eso es que, obviamente, pertenece al mundo de la utopía y de la ciencia ficción eso de que Puerto Rico puede salir de la gran depresión económica si se define «una agenda de desarrollo económico que tenga como meta retomar la capacidad de crecimiento, de generación de riqueza, creación de empleos y oportunidades para la población.»[xvii]

Por último, no puedo cerrar esta introducción sin mencionar que en el *Gueto Colonizado de Puerto*

Rico hay independentistas que dicen, alocadamente, que si Puerto Rico fuese un país independiente la situación económica estuviese mejor.

A esas personas les digo que lo que dicen son, por decir lo menos, puras mierdas. Si Puerto Rico fuese independiente, que conlleva la eliminación de los fondos que otorga el Gobierno Federal de los Estados Unidos de América, Puerto Rico fuese tan pobre como algunos de los pobres países africanos.

En fin, les digo a los amigos independentistas que al estercolero de Puerto Rico le ha convenido ser dependiente de los Estados Unidos de América. También les digo, como decía **William Cobbett**, que «ser pobre e independiente es una cosa casi imposible.»[xviii]

Capítulo uno
Colapsos económicos por dondequiera

I. Crisis, recesiones y depresiones económicas

El mundo está hecho una mierda. Recesiones, desaceleraciones, crisis y depresiones económicas – *además de suicidios, desempleo, desahucios y quiebras*– es lo que hay por doquier. Digo eso ya que «hay un colapso de todos los mercados y (...) los consumidores no consumen, los inversores no invierten y los bancos no prestan. Hay una paralización casi total de la que no escapa ningún país.»[xix]

A eso se añade que muchos países, alejándose de su amado capitalismo, han terminado rescatando a sus irresponsables y corruptos bancos «a través de lo que en jerga bancaria se denomina una 'recapitalización'. Eso significa que los Gobiernos depositan dinero y, a cambio, reciben acciones o bonos.»[xx]

Debe haber notado que mencioné que, tristemente, estos tiempos se caracterizan por las quiebras personales y empresariales. Pues bien, la quiebra más emblemática de estos difíciles tiempos fue «la quiebra apresurada y no planeada del cuarto banco de inversión más grande de Estados Unidos, *Lehman Brothers*...». Digo eso ya que esa quiebra, que parece que fue sacada de una película de horror, «destruyó alrededor de 75,000 millones de dólares de valor y dejó 200,000 millones de dólares de deuda sin contraparte.»[xxi]

Ahora bien, el asunto más espeluznante es que –en estos precisos momentos– hay países y ciudades que están atravesando por una gran depresión económica. Un buen ejemplo sobre eso proviene desde un estercolero llamado Puerto Rico. Digo eso ya que esa colonia de los Estados Unidos de América, que se ha convertido en un pobre narcoestado, está atravesando por una *gran depresión económica* que, a todas luces, se agrava cada mes.[xxii]

Y digo que la gran depresión económica de Puerto Rico se agrava cada mes ya que «da vida para los puertorriqueños es cada vez más dura, más cara y es evidente que la calidad de vida se evapora. Puerto Rico se convierte a pasos acelerados en un gueto donde todo es caro, no hay dinero, no hay trabajo y se vive mal.»[xxiii]

Otro lamentable ejemplo proviene desde España. Allí, como es sabido, una fuerte y prolongada *gran depresión económica* ha destrozado la economía y, sobre todo, los sueños y las metas de millones de españoles. De hecho, cabe mencionar que esa *gran depresión económica* ha sido tan fuerte que, según datos de 2013, la tasa de desempleo está en veintisiete por ciento. Y eso significa que, peligrosamente, poco más de seis millones de personas que están aptas para trabajar no pueden conseguir empleo.[xxiv]

Ahora bien, debo mencionar que la *gran depresión económica de España* nos ha confirmado: (1) que el salvajismo de los seres humanos aumenta considerablemente cuando hay escasez de dinero; (2) que el ser humano no es más que un ser egoísta que ha creado el mundo de la farándula y del espectáculo para fantasear y escaparse de la dura realidad; (3) que los seres humanos siempre están dispuestos a pisotearse mutuamente en aras de conseguir trabajo y dinero; y (4) que los banqueros más poderosos y adinerados están por encima de los jefes de Estado y del Derecho.

Digo eso ya que en España, durante la mencionada gran depresión económica, mientras el sistema de justicia criminal era blando con los banqueros y empresarios corruptos y cabrones que estuvieron relacionados con el colapso económico, era inhumano e implacable con los pobres durante los desahucios, las reposesiones y los lanzamientos.

También digo eso ya que, tristemente: (1) aumentaron los casos en donde profesionales de la salud se negaban a ofrecerles servicios necesarios a los pobres; (2) el Gobierno utilizó dinero destinado a la salud pública para pagarles a los ricos inversionistas que andan en autos lujosos; y (3) aumentaron los casos de corrupción gubernamental *(sobornos y amiguismos)* con el fin de obtener empleos.

Ahora tengo que decir, por otro lado, que desde Grecia proviene otro ejemplo sobre una gran depresión económica. Digo eso ya que ese país, que según datos de 2013 tenía una tasa de desempleo que estaba por encima del veintiocho por ciento, ha estado atravesando por una fuertísima gran depresión económica. Cabe indicar que esa gran depresión económica ha sido tan fuerte que «trenes, puertos, servicios básicos, hoteles, playas y la enorme superficie del antiguo *aeropuerto internacional de Atenas,* junto con sus terminales abandonadas y sus aviones oxidados, han sido puestos en venta.»[xxv]

Otro país que cayó en depresión económica fue Chipre. Sobre la depresión chipriota cabe señalar que ha sido tan fuerte que, en 2013, los bancos cerraron por dos semanas y los *cajeros automáticos* se quedaron sin dinero por dos semanas. A eso se suma que el *Gobierno de Chipre,* sembrando el pánico, decidió tomar fuertes medidas para salvar a los bancos, perjudicar a los ahorristas y «evitar la quiebra.»[xxvi]

Así, por ejemplo, se aprobó una draconiana reglamentación que establece, entre otros asuntos:

(1) que las personas que tengan cuentas de banco únicamente pueden «sacar 300 euros en efectivo al día de sus bancos»; y (2) que «se limita a 3.000 euros la cantidad de dinero en efectivo o por transferencia que se puede sacar del país en cada viaje.»[xxvii] Ahora bien, hay bancos que han ido más lejos y han limitado el retiro de dinero a ciento treinta dólares por día.[xxviii]

Dicho eso, debe haber notado que mencioné que en Chipre cundió el pánico por doquier. Pues bien, cabe señalar que dicho pánico fue tan poderoso que, al igual que la Gran Depresión de 1930 (en EUA), la gente acudió en masa a las afueras de los bancos con el fin de tratar de «recuperar su dinero y guardarlo en un lugar seguro.»[xxix] Ahora bien, como estamos en tiempos modernos tengo que mencionar que hubo miles de espantados chipriotas que hicieron largas filas para sacar todo el dinero que pudieran de los cajeros automáticos.

Dicho eso, debe haber notado que indiqué que hay ciudades que están atravesando por una gran depresión económica. Pues bien, debo señalar que esa gran depresión local suele ocurrir en países en donde, por disposición del Derecho, hay ciudades y municipios que gozan de bastante autonomía fiscal.

Ejemplo sobre ello proviene desde la ciudad de Detroit, en los Estados Unidos de América. Digo eso ya que, en 2013, esa depresiva ciudad: (1) se declaró en bancarrota; (2) tenía un espantoso índice de desempleo; y (3) tenía un índice de abandono ciudadano extremadamente elevado.[xxx]

Cabe indicar, sobre el punto número tres antes mencionado, que ese abandono ciudadano ha sido tan extremo y espantoso que, desde 1950, 1.2 millones de habitantes han abandonado dicha ciudad. Y tenga en cuenta que dije espantoso ya que, «a medida que los ciudadanos y los puestos de trabajo se fueron a otra parte, a la localidad sólo le quedó el desplome de los ingresos fiscales y la proliferación de la delincuencia y las calles abandonadas.»[xxxi]

Dicho eso, sé que algunas personas pueden tener dudas sobre el significado de recesión, crisis, depresión y gran depresión económica. Pues bien, en aras de aclarar esos asuntos comienzo diciendo que una recesión económica es un periodo de «dos trimestres consecutivos de crecimiento negativo (una caída del producto interno bruto, PIB).» Ahora bien, luego de esos dos trimestres de recesión se da una recuperación económica.[xxxii]

En el caso de las crisis económicas, se puede decir que hay una crisis cuando hay un periodo de dos trimestres consecutivos de crecimiento negativo y, tristemente, no se da –ni se percibe– una recuperación económica durante los próximos trimestres.[xxxiii] Un buen ejemplo sobre una crisis económica, que en ocasiones se le ha llamado gran recesión económica, proviene desde los Estados Unidos de América.

Digo eso ya que la economía de dicho país, desde 2001, ha estado atravesando por recesiones y recuperaciones económicas. Sin embargo, la economía estadounidense –según datos oficiales– ha estado atravesando, desde 2008, por una *prolongada crisis económica o gran recesión económica* que se ha caracterizado: (1) por la falta de empleos; (2) por la inseguridad laboral; (3) por el despido de empleados (públicos y privados); y (4) por el descenso y estancamiento socioeconómico.

Y sobre esto último cabe mencionar, según datos de la *American Asociation of Community Colleges,* que el estancamiento socioeconómico en EUA es tan poderoso que, hoy en día, «es más probable que un niño que nace pobre (...) siga siendo pobre el resto de su vida, mucho más que en ningún otro momento de nuestra historia.»[xxxiv]

Dicho eso, es necesario realizar una aclaración. Si uno analiza con mucho cuidado lo que ha estado ocurriendo con la economía de los Estados Unidos de América, se tiene que concluir que la economía de EUA está en *depresión económica*.

Para empezar, cuando uno ve que un Gobierno tiene que utilizar *miles de millones de dólares* para evitar el colapso de su economía debemos hablar sobre una depresión económica, no de una gran recesión económica. Y eso, querido lector, fue lo que ocurrió en EUA. Recuerde que el Congreso de los EUA, autorizando «el rescate financiero más grande de la historia», «autorizó al Departamento del Tesoro a utilizar 700,000 millones de dólares en una intervención extraordinaria para prevenir un derrumbe financiero y (...) económico.»[xxxv]

A eso se le debe sumar el hecho de que las depresiones económicas, entre otros desastres, se caracterizan por empobrecer a más del veinticinco por ciento de la población. Y si analizamos lo que ha estado ocurriendo en EUA veremos, en primer lugar, que más del veinticinco por ciento de la población se ha empobrecido. También veremos que «*la clase media estadounidense* se está encogiendo ante nuestros ojos.»[xxxvi]

Por eso creo que toda información que diga que EUA está atravesando por una gran recesión económica, no es más que un invento –mediático y gubernamental– para apaciguar las preocupaciones económicas a nivel nacional e internacional. Y por eso estoy de acuerdo con el **Dr. Paul Krugman**, premio Nobel de Economía, cuando dice que EUA está en la primera etapa de una «*depresión económica*» de carácter prolongada.[xxxvii]

Dicho eso, no está de más mencionar que una de las grandes sorpresas de la depresión (económica) estadounidense del siglo XXI es que ha afectado significativamente a la profesión jurídica. Digo eso ya que, desde 2010: (1) miles de abogados han sido despedidos de sus trabajos; (2) miles de nuevos abogados no han podido encontrar empleo; (3) miles de bufetes han cerrado sus puertas; y (4) menos estudiantes están solicitando admisión a las escuelas de Derecho.[xxxviii]

Sobre la depresión económica cabe decir, en primer lugar, que tiene lugar cuando hay *cuatro trimestres* de crecimiento negativo y no se vislumbra una recuperación económica. A eso se añade que, durante una depresión económica uno también puede ver que hay altos «niveles de desempleo, disminución de las ganancias, decrecimiento de la producción y fracaso empresarial.»[xxxix]

Además de eso, no se puede pasar por alto que también existe lo que se llama una *depresión económica prolongada*. Sobre ese tipo de destructiva depresión, cabe señalar que tiene lugar cuando la economía de un país está en depresión económica por dos años o más.[xl]

Dicho eso, sé que algunas personas pueden tener –todavía– algunas dudas sobre la diferencia entre una gran recesión económica y una depresión económica. Pues bien, a esas personas les digo que la mejor forma para saber la diferencia es la siguiente: una gran recesión económica «es cuando tu vecino se queda sin empleo; depresión es cuando lo pierdes tú.»[xli]

Por su parte, en el caso de la gran depresión económica se puede decir que tiene lugar cuando la economía de un país está en depresión económica por *cuatro años –o más– consecutivos* y, peligrosamente, no se vislumbra una recuperación económica.[xlii] Además, la gran depresión económica se caracteriza por tener: (1) una tasa de desempleo que está por encima del veinte por ciento; (2) un alarmante nivel de pobreza; y (3) una tasa de empobrecimiento social sobre el veinticinco por ciento.

Un buen ejemplo sobre una gran depresión económica proviene desde los Estados Unidos de América. Allí, en 1873, varios bancos cayeron y se produjo un enorme pánico entre la población. Y, como resultado de eso, «la economía de *EE. UU.* se contrajo durante 65 meses, desde octubre de 1873 hasta marzo de 1879.»[xliii]

Debo mencionar, por otro lado, que los pobres (los que viven por debajo del nivel de pobreza y los miembros de la clase media-baja y media-media) son los primeros que suelen detectar, *inclusive primero que los economistas*, una depresión económica. Digo eso ya que los pobres son, por lo regular, los primeros que sufren los embates de las depresiones económicas. Así, por ejemplo, los pobres son los primeros: (1) en ser despedidos de sus trabajos; (2) en sufrir rebajas de salarios; (3) en sufrir recortes en sus horarios de trabajo; y (4) en ser lanzados de sus hogares por falta de pago.

Capítulo dos
Gran depresión económica en Puerto Rico

I. El colapso económico

Puerto Rico es un pequeño y endeudado narcoestado en donde «las instituciones sociales, económicas y políticas están podridas y derrumbándose.»[xliv]

Y tenga en cuenta que dije que Puerto Rico está endeudado ya que «la deuda pública del Gobierno del Estado Libre Asociado de Puerto Rico al 31 de diciembre de 2012, incluyendo la deuda relacionada al *Fondo General*, los municipios, las corporaciones públicas y agencias, alcanza la cifra de $70,669 millones...».[xlv]

Sobre el asunto del derrumbe de las instituciones económicas, debo mencionar que dicho derrumbe ha sido tan potente que: (1) miles de negocios han quebrado; (2) cientos de miles de personas están en quiebra; (3) cientos de miles de personas viven en la pobreza por no poder conseguir empleos decentes; y (4) las principales corporaciones públicas –que se supone que sean autosuficientes– están en quiebra.

Y sobre el punto número cuatro antes mencionado no está de más recordar que, «al año fiscal 2012-2013, el déficit combinado de las principales tres corporaciones públicas» estaba en unos ochocientos millones de dólares.[xlvi]

Ahora bien, lo que de verdad demuestra el patatús económico es que, desde 2006, la economía de Puerto Rico ha estado atravesando por una gran depresión económica.[xlvii] Y para corroborar el hecho de que el estercolero de Puerto Rico está en una gran depresión económica, comienzo diciendo que José Rafael Fernández, «presidente, principal oficial ejecutivo y vicepresidente de la junta de directores de *Oriental Bank*», mencionó que la economía de Puerto Rico estaba, en 2013, *en depresión económica.*[xlviii]

Otra buena evidencia proviene desde la *Junta de Reestructuración y Estabilización Fiscal de Puerto Rico*. Digo eso ya que esa junta indicó, en 2012, que Puerto Rico estaba en «depresión económica.»[xlix] También es buena evidencia el hecho de que el *Centro para la Nueva Economía*, una empresa privada dedicada al análisis de la economía y a la publicación de informaciones económicas, indicó que la narcoeconomía de Puerto Rico estaba, en 2010, en depresión económica.[l]

Otra buena evidencia proviene desde la *Universidad de Puerto Rico*. Allí, en 2009, el Dr. José Alameda –economista y catedrático– certificó que la economía de Puerto Rico estaba en plena depresión económica.[li] Y no se puede olvidar que la *Junta de Planificación de Puerto Rico*, también en 2009, certificó que la economía de Puerto Rico estaba «en medio de una depresión económica.»[lii]

Por último, cabe mencionar que otro análisis realizado por el el Dr. José Alameda, economista y catedrático de la *Universidad de Puerto Rico*, demostró que «desde el primer trimestre del 2006 la economía de Puerto Rico ha estado sumida en una depresión económica.»[liii]

A tono con lo anterior, es necesario mencionar que la *gran depresión económica* de Puerto Rico ha provocado degradaciones por doquier. Así, por ejemplo, el **Foro Económico Mundial** degradó, en 2013, la calificación de Puerto Rico como destino turístico. Digo eso ya que Puerto Rico cayó, de la posición cuarenta y cinco, a la posición cincuenta y dos.[liv]

A eso se añade que, cada año que pasa, las ganancias económicas relacionadas con el turismo disminuyen. De hecho, antes de la gran depresión económica el turismo generaba, en Puerto Rico, «el 6% de la actividad económica, ahora escasamente alcanza el 4% del Producto Bruto.»[lv] Por eso es correcto decir que «la actividad turística (...) está en franca decadencia.»[lvi]

Otra prueba sobre las innumerables degradaciones está relacionada con **Fitch Ratings**. Digo eso ya que esa agencia de calificación crediticia, en 2013, «llevó la clasificación de los bonos de obligación general (GOs) de la Isla de BBB+ a BBB-, el último rango considerado como grado de inversión y un nivel por encima de la clasificación considerada deuda especulativa o chatarra.»[lvii]

Otra buena evidencia está relacionada con **Standard & Poor's**. Digo eso ya que esa agencia de calificación de riesgo degradó, en 2013, «las calificaciones de las obligaciones generales (GO) del Gobierno de Puerto Rico, de BBB a BBB menos, y puso a la Isla en perspectiva negativa.»[lviii]

Otra buena evidencia está relacionada con *Moody's Investors Service*. Digo eso ya que esa agencia de calificación de riesgo degradó, en 2012, los bonos de la Universidad de Puerto Rico «al nivel de chatarra.»[lix] Tampoco se puede olvidar que dicha agencia evaluadora de crédito, en 2012, convirtió en «chatarra» los bonos: (1) de la Autoridad de Carreteras de Puerto Rico; y (2) de la Autoridad de Acueductos y Alcantarillados de Puerto Rico.[lx]

Habiendo llegado a este punto de la discusión, es obvio que salta a la vista una interrogante, a saber, ¿qué ha provocado el colapso de la economía de Puerto Rico? En primer lugar, la baja inteligencia y la falta de compromiso social de la inmensa mayoría de los políticos que ha tenido Puerto Rico durante las últimas cuatro décadas.

En segundo lugar, el colapso económico se ha debido a que el modelo económico de Puerto Rico es una mierda. Digo eso ya que «el modelo económico actual, basado en las inversiones de grandes empresas que se sienten incentivadas por beneficios fiscales y la generosidad del Gobierno», ha dejado de ser adecuado y competitivo.[lxi]

De hecho, en estos días hay muchísimos países que les ofrecen a las empresas extranjeras: (1) mejores ayudas económicas que las que ofrece Puerto Rico; y (2) mejores beneficios fiscales. Además, no es un secreto a voces que hay países en donde las *leyes laborales* son mucho más beneficiosas para las empresas. Así, por ejemplo, hay países que tienen *leyes laborales* que permiten que las empresas extranjeras: (a) les paguen salarios de hambre a los empleados locales; y (b) no les ofrezcan buenos *beneficios marginales* a los empleados.

Por eso no es raro que muchas empresas estadounidenses y europeas hayan decidido hacer negocios, ya sea invirtiendo en infraestructuras y/o mudando todas o partes de sus operaciones, en India, República Dominicana, Corea, Vietnam, Bangladés, entre otros países.

A eso se suma que China, en donde el Gobierno ha establecido *fuertes y duraderas reformas capitalistas* para lograr que los inversionistas extranjeros hagan negocios con manufactureros locales, se ha convertido en la manufacturera más grande, barata y contaminante del mundo. Por eso es que muchos empresarios, antes de hacer negocios con las costosas *empresas puertorriqueñas,* prefieren hacer negocios con empresas chinas.

Otro asunto que ha contribuido al colapso económico es que, el pueblo de Puerto Rico cada vez se vuelve más bruto. Digo eso ya que la inmensa mayoría de los profesionales más inteligentes, competentes y prometedores tienden a mudarse de Puerto Rico.

Y se mudan de Puerto Rico ya que, entre otras razones, el pueblo de Puerto Rico: (1) penaliza la inteligencia; (2) no le ofrece buenas oportunidades de *empleo y desarrollo profesional* a la inmensa mayoría de las mencionadas personas; (3)

utiliza amiguismos y asuntos *político-partidistas* para llenar las vacantes para los mejores puestos de trabajo; y (4) es extremadamente violento, peligroso e hipócrita.

Para corroborar ese dato, mencionaré lo que ha estado ocurriendo con muchos de los egresados de la universidad más prestigiosa que tiene Puerto Rico, a saber, la Universidad de Puerto Rico, recinto de Mayagüez.

Como se sabe, dicha institución de educación superior se especializa en la enseñanza de «disciplinas relacionadas a la ciencia, tecnología, ingeniería y matemáticas.»[lxii] Por eso uno puede ver que, todos los años, *se gradúan muchísimos* ingenieros, físicos, matemáticos y economistas de dicha universidad.

Pues buen, como Puerto Rico le ofrece pocas oportunidades de empleo a dichos especializados titulados es normal que, muchísimos de ellos, terminen laborando en empresas que están ubicadas en los Estados Unidos continentales.

Explicado eso, cabe preguntar lo siguiente: ¿cuál es el problema, desde una perspectiva económica, con lo antes mencionado? Que en la medida en que en Puerto Rico disminuya la mano de obra diestra, como son los ingenieros, matemáticos y químicos, serán pocas las empresas extranjeras que deseen establecerse en Puerto Rico.[lxiii]

Otro asunto que ha contribuido con el colapso económico es que Puerto Rico se ha convertido en *un costoso lugar* que, económicamente hablando, no es adecuado para realizar inversiones cuantiosas y prolongadas. Debido a que, entre otros asuntos, «los servicios de energía son costosos y la infraestructura de agua y servicios sanitarios no es superior.»[lxiv]

A eso se suma que los materiales que usan las empresas para producir sus productos son, lamentablemente, *extremadamente costosos* en Puerto Rico. Por eso fue que, por ejemplo, la empresa Ferrero decidió, comenzando la gran depresión económica, macharse de Puerto Rico. Digo eso ya que los directores de esa empresa, dedicada a la elaboración de dulces, mencionaron que «los altos costos de energía eléctrica en la isla, al igual que el costo del azúcar, fueron razones de peso para trasladar la producción» a Canadá.[lxv]

Por otro lado, todos los economistas saben que «la violencia y sus efectos en la calidad de vida queda registrada por los analistas e inversionistas, tanto locales como extranjeros...».[lxvi] Pues bien, cabe señalar que la *implacable y elevada criminalidad* que hay en Puerto Rico es otro factor que, para consternación de los desempleados, ha contribuido al colapso económico.

Digo eso ya que muchos inversionistas extranjeros ven con malos ojos el hecho de invertir en lugares en donde existan unos elevados índices de criminalidad. Se sabe, además, que muchos empresarios extranjeros no desean hacer negocios en países en donde *la criminalidad comercial* –como son los robos, los escalamientos, los raterismos en las tiendas y los hurtos de propiedades por parte de empleados– sea elevada.[lxvii]

No está de más mencionar, teniendo lo anterior en mente, que Puerto Rico no es visto –a nivel internacional– como un buen lugar para hacer negocios. ¿Sabe por qué? Porque, repetimos, hay unos elevados índices de violencia social y criminalidad. De hecho, no se puede olvidar que el **Foro Económico Mundial** dijo, en 2012, que el estercolero de Puerto Rico tiene «una de las peores posiciones en cuanto al costo del crimen y la violencia para los negocios, uno de los (...) pilares que determina su clima de competitividad.»[lxviii]

Dicho eso, cabe señalar que el propio Gobierno de Puerto Rico ha reconocido que no tiene, a nivel internacional, la mejor imagen para atraer inversión extranjera. Digo eso ya que el Dr. Alejandro García Padilla, **Gobernador de Puerto Rico** (2013-2017), reconoció que «el crimen y la violación de derechos civiles en Puerto Rico han afectado la imagen de la isla *a nivel internacional.»[lxix]*

Otro asunto que ha contribuido al colapso económico, que también ha sido el causante de que existan pocas oportunidades de empleo para los titulados pobres, ha sido la enorme e imparable corrupción que hay dentro de las altas esferas del Gobierno de Puerto Rico. Digo eso ya que, entre 2001 al 2013, los gobernantes de Puerto Rico regalaron *billones de dólares* en contratos innecesarios.

Para que entienda de una mejor manera lo que estoy diciendo, veamos un caso que está relacionado con la gobernación de Luis Fortuño (2009-2013). El gobernador Fortuño, que adoraba la plutocracia, tenía dos buenos amigos que habían fundado una empresa llamada «Intelutions.»

Pues bien, Fortuño le regaló a sus amigos un contrato de cinco millones de dólares para «instalar un sistema tecnológico», a pesar de saber que la Universidad de Puerto Rico *—recinto de Mayagüez—* «había hecho un programa análogo que costaba $600,000.»[lxx]

Otro asunto que no se puede pasar por alto es que, los corruptos e ineficientes gobernantes de turno, durante los últimos trece años, también contribuyeron con el colapso económico por medio de la otorgación de miles de innecesarios y costosos contratos que se otorgaron para que sus amigos: (1) no hicieran casi nada; y (2) le realizaran donativos *—legales e ilegales—* a sus partidos políticos.

Un buen ejemplo sobre eso está relacionado con la gobernación de Luis Fortuño (2009-2013).

Digo eso ya que ese plutócrata, irresponsablemente, le regaló a un amigo íntimo, llamado Dennis Medina, un cuestionable contrato que rondaba los veinticinco millones de dólares para que realizara labores relacionadas con la ingeniería y la profesión de corredor de bienes raíces.

Sin embargo, el señor Dennis Mediana no hizo mucho una vez le regalaron los millones de dólares. Ello, porque no contaba con las licencias estatales para «ejercer las funciones para las que fue reclutado.»[lxxi]

En fin, las altas esferas del Gobierno de Puerto Rico, al igual que los partidos políticos, no son más que unos grupos mafiosos que han trabajado con gran ahínco –y *durante esta gran depresión económica la situación ha empeorado*– para llevarse el dinero del pueblo por medio de unos fraudes que, en la mayoría de la circunstancias, están protegidos por el ridículo Derecho de Puerto Rico.

Y por eso se puede decir que los mafiosos que han tenido –y que desean tener– las riendas del Gobierno de Puerto Rico, no han hecho más que «utilizar este gobierno como *recurso de reconocimiento y prebenda* con las personas que militan en el partido del poder, olvidándose de las necesidades del pueblo.»[lxxii]

¿Y cuál es –y será– el esquema favorito para saquear legalmente las arcas de Puerto Rico? Los malditos contratos. Digo eso ya que, como ha visto, la inmensa mayoría de los contratos millonarios que otorga la alta esfera del Gobierno de Puerto Rico no son más que «una pantalla para enriquecer a allegados quienes a su vez, para garantizar que siga la jauja, donan a los partidos y que siga la fiesta.»[lxxiii]

Además de eso, no se puede olvidar que los mafiosos políticos también han descubierto que por medio de las declaraciones de emergencia, que son declaradas por el mafioso que ocupe *la posición de gobernador,* se pueden saquear legalmente las arcas del narcoestado de Puerto Rico.

Digo eso ya que, por ejemplo, Luis Fortuño, Gobernador de Puerto Rico (2009-2013), el 19 de julio de 2010 «firmó una orden ejecutiva declarando un supuesto *Estado de Emergencia Energética* en virtud de la cual se otorgaron (...) millonarios contratos sin procedimientos de subasta.»[lxxiv] ¿Y sabe quiénes se llevaron la inmensa mayoría de esos contratos? Los amigos de Luis Fortuño y, sobre todo, los donantes del Partido Nuevo Progresista.

Con eso en mente, tengo que aprovechar esta oportunidad para decir que en el estercolero de Puerto Rico se da el fenómeno de que los medios de prensa, que se jactan de ser los paladines de la moralidad, son parte del problema de la corrupción dentro del Gobierno de Puerto Rico a la hora de otorgar contratos. *Me explico.*

Todo gobernante, por lo regular, le regala millones de dólares a las casas de publicidad que son dirigidas por sus amigos. Esos amigos, después de hacer las campañas propagandísticas a precios inflados, contratan los servicios de los medios de prensa para esparcir las mencionadas propagandas entre la población. Y los dueños de los medios de prensa, que su principal fin es hacer dinero, les dan las bienvenidas a esas campañas de publicidad: (1) a pesar de que saben que son totalmente innecesarias; y (2) a pesar de saber que son acciones incorrectas.

Por último, debe haber notado que mencioné que la gran depresión económica de Puerto Rico comenzó en 2006. Pues bien, dije eso ya que la *economía de Puerto Rico*, desde el mencionado año, ha estado en picada y, tristemente, no ha regresado a los niveles que existían antes de la mencionada fecha. También dije eso ya que un análisis realizado por economistas de la **Universidad de Puerto Rico**, recinto de Mayagüez, demostró que la «depresión» económica «empezó (...) en el año 2006.»[lxxv]

También digo lo anterior ya que «la fecha de mayo de 2006, momento en que el Gobierno de Puerto Rico cierra por falta de fondos, ha quedado en la memoria de los puertorriqueños como el inicio del estado de crisis financiera del país.»[lxxvi]

Dicho eso, es importante recordar que el cierre del Gobierno de Puerto Rico por falta de fondos fue un evento traumático y, sobre todo, desastroso para la economía local. Digo eso ya que, luego de ese funesto cierre gubernamental, «la economía empezó a deteriorarse ya que se perdió la confianza (...) y eso minó la confianza del consumidor y del capital.»[lxxvii]

II. Características de las depresiones económicas

A. Menos empleos

Todo el mundo sabe que durante una gran depresión económica, al igual que durante una depresión económica: (1) se eliminan muchísimos puestos de trabajo; (2) se crean pocos puestos de trabajo; (3) la inmensa mayoría de los puestos de trabajo que se crean tienen salarios miserables; y (4) las tasas de desempleo y participación laboral se convierten en números espantosos.[lxxviii]

Pues bien, al analizar lo que ha estado ocurriendo en Puerto Rico veremos que lo anterior, además de otras desgracias, ha estado suscitándose. De hecho, no está de más comenzar el análisis diciendo que Puerto Rico, desde el 2006 hasta el 2013, ha perdido cerca de *doscientos cuarenta mil puestos de trabajo.*[lxxix]

Y eso significa que la economía de Puerto Rico, según un análisis realizado por el Dr. José Alameda –economista y catedrático de la **Universidad de Puerto Rico**–, «ha perdido $6,000 millones en salarios productivos desde que empezó la depresión (...) en el año 2006.»[lxxx]

Sobre la tasa de desempleo durante esta gran depresión económica, veremos que ha estado entre el trece al dieciséis por ciento.[lxxxi] Ahora bien, dicha cifra no es real. *¿Sabe por qué?* Porque los idiotas que establecieron las guías para calcular las tasas de desempleo dijeron, absurdamente, que las personas desempleadas, desesperadas y pobres que andan buscando empleo deben catalogarse como personas empleadas.

Pero el fraude en este tipo de estadísticas es más dramático todavía. Puesto que las mencionadas guías también indican que las personas que, cansadas de gastar energías, han dejado de buscar empleos no deben ser parte de las estadísticas relacionadas *con el desempleo*.[lxxxii]Por consiguiente, si analizamos profunda y realistamente las cifras del desempleo, al igual que el asunto de la enorme emigración, veremos que el desempleo está, tristemente, por encima del veintidós por ciento.

Una buena evidencia que demuestra que el desempleo en Puerto Rico está por encima del veintidós por ciento es que, la inmensa mayoría de los jóvenes —*muchos de ellos con títulos académicos*— no pueden conseguir empleo. De hecho, un estudio realizado por la **Oficina de Asuntos de la Juventud de Puerto Rico** menciona que, en 2013, «una tercera parte» de los jóvenes que «tienen de 22 a 25 años» no pueden conseguir trabajo.[lxxxiii]

Otra buena evidencia que demuestra que el desempleo en Puerto Rico ha alcanzado números de gran depresión económica es que, durante los últimos trece años, miles de titulados que estaban entre los veintidós a los treinta y cinco años de edad tomaron la decisión de emigrar hacia los Estados Unidos continentales con el fin de conseguir trabajo. Por eso se puede decir que, si la economía de Puerto Rico sigue teniendo una espantosa *tasa de desempleo* «continuará el éxodo de profesionales y de recién graduados en el país.»[lxxxiv]

Por otro lado, es importante mencionar que la insoportable e imparable criminalidad callejera que hay en Puerto Rico, tristemente, también ha provocado la eliminación de miles de puestos de trabajo a lo largo de los últimos trece años. Digo eso ya que en Puerto Rico, lamentablemente, los atracadores y los asaltantes que matan personas han provocado que cientos de pequeños comerciantes, después de haber sido víctimas de los asaltantes: (1) hayan cerrado sus negocios; y (2) hayan dejado sin trabajo a sus empleados.

Así, por ejemplo, en Puerto Rico abundan los casos en donde los familiares de los comerciantes asesinados han decidido cerrar los negocios. También abundan los casos en donde los dueños de pequeños negocios, cansados de los robos a manos armadas, han decidido: (1) mudarse de Puerto Rico; y/o (2) cerrar sus negocios.

Cabe señalar, consonó con lo anterior, que la enorme criminalidad tampoco ayuda a la creación de empleos y autoempleos. Digo eso ya que, por increíble que parezca, «para los que quieren hacer negocios en la isla la creciente inseguridad y violencia que aqueja no pasa (...) desapercibido.»[lxxxv] Por eso es que la enorme criminalidad, al igual que las enormes posibilidades de ser asesinados y/o asaltados, ha provocado que miles de personas hayan desistido de abrir pequeños negocios.

Por otro lado, debe haber notado que mencioné que las posibilidades de conseguir trabajo son mínimas durante una depresión económica y, sobre todo, durante una gran depresión económica. Pues bien, ese lamentable asunto es sumamente negativo para los desempleados que desean trabajar. Digo eso ya que, además de sufrir por no tener empleo, los desempleados que llevan mucho tiempo sin trabajar, *aunque tengan títulos universitarios,* se convierten en personas indeseables para los pocos empleadores que reclutan personal.

Y tenga en cuenta que cuando digo indeseables, no me estoy refiriendo a un asunto que esté relacionado con la persona del desempleado. Me estoy refiriendo al hecho de que los empleadores piensan que no es beneficioso contratar a una persona que lleve mucho tiempo desempleada. Puesto que esas personas, de regresar a trabajar, no estarán al día sobre los nuevos asuntos que estén relacionados con sus ocupaciones y profesiones.

Y por ser eso así los empleadores, que *durante las depresiones económicas* buscan contratar a personas que hayan demostrado estar al día y ser eficientes en lo que realizan, piensan que tendrán que gastar dinero, tiempo y energía en el adiestramiento de las mencionadas personas.

En fin, el punto central de lo antes discutido es que, como ha confirmado un estudio realizado – y dado a conocer en 2013– por investigadores de la *Universidad Autónoma de Madrid*, «las probabilidades de encontrar empleo descienden con la duración del paro.»[lxxxvi]

Cabe señalar, por último, que durante una gran depresión económica uno puede ver que la tasa de participación laboral no es la más saludable. Pues bien, si analiza lo que está ocurriendo *en el estercolero de Puerto Rico* verá que la tasa de participación laboral está por el piso. Digo eso ya que dicha espantosa tasa, desde que comenzó la gran depresión económica, ha estado entre el treinta y nueve al cuarenta y dos por ciento.[lxxxvii]

B. Aumento del subempleo

En los países que están en depresión económica, al igual que en los que están en gran depresión económica, se ha estado dando el fenómeno de que «muchos trabajadores están subempleados -trabajando a tiempo parcial y no a tiempo completo- o aceptando empleo por debajo del nivel para el cual están calificados.»[lxxxviii]

Pues bien, si uno analiza lo que ha estado ocurriendo en Puerto Rico, desde el año 2006, se podrá notar que lo antes mencionado también ha estado ocurriendo. De hecho, la situación es tan grave en Puerto Rico que, a pesar que hay muchos titulados con doctorados y/o maestrías, «no hay suficientes empleos de buena paga *ni oportunidades para despegar los pies del plato.*»[lxxxix]

A eso se añade que los pocos empleos que se han creado durante los últimos años, para tristeza de las personas con doctorados académicos y doctorados profesionales, son empleos chatarra. Digo eso, en primer lugar, ya que «los puestos de empleo que mayormente están disponibles son los que tradicionalmente pagan el salario mínimo.»[xc]

También digo lo anterior ya que, según un análisis realizado –y dado a conocer en 2013– por la Sociedad para la Gerencia del Recurso Humano *(SHRM, por sus siglas en inglés)*, «las oportunidades de empleo hoy día están en los restaurantes de comida rápida, en los centros de llamadas (call centers) y en los establecimientos comerciales.»[xci]Por eso no es raro ver, *en Puerto Rico*, a personas con doctorados y/o maestrías: (1) ganando salarios miserables; (2) trabajando en Walmart, Sam's Club, Costco, Burger King, Taco Bell, entre otros comercios; y (3) trabajando como guardias de seguridad.

Pero esta tragedia, amargamente, se vuelve más dramática todavía. Digo eso ya que muchos titulados con doctorados y/o maestrías están haciendo gestiones de empleo por medio de empresas dedicadas al empleo temporal. Y el problema con eso, particularmente para los que piensan en su futuro, es que *«los empleos temporales* no vienen con beneficios como asistencia sanitaria o pensiones. Y a menudo no pagan lo suficiente para permitir ahorrar para cosas como el pago inicial de una casa o la educación de los niños.»[xcii]

Explicado lo anterior, no se puede más que decir que la tragedia del subempleo, unido al asunto del elevado desempleo, ha provocado que la movilidad socioeconómica se haya «invertido en tiempos recientes, lo que ha causado un retroceso en los escalafones sociales para gran parte de la población.»[xciii]

Por eso es que ahora, durante esta gran depresión económica, miles de personas que pertenecían a la pequeña clase media han descendido a la clase baja. Y a eso se suma que cientos de miles de personas que pertenecían a la clase baja, para perjuicio de su salud mental, *han descendido al «precariado (precariat, en inglés).»* ¿Y qué es eso del precariado? Personas que, depresivamente, «apenas subsisten con la ayuda del Estado» y con la ayuda de parientes y/o amigos cercanos.[xciv]

Habiendo llegado a este punto de la discusión es forzoso concluir que, en Puerto Rico, «si no se producen (...) empleos bien pagados continuará el éxodo de profesionales y de recién graduados.»[xcv]

C. Más amiguismo y partidocracia

Puerto Rico es un espantoso lugar en donde «el éxito (...) raramente tiene correspondencia con el mérito.»[xcvi] Además, no se puede pasar por alto que la corrupción política y social es tan alta en Puerto Rico que «la igualdad de oportunidades no existe.»[xcvii]

Digo eso, en primer lugar, ya que en Puerto Rico es harto conocido que «el hijo de una familia adinerada tiene una mejor posibilidad de tener éxito mientras que un hijo de una persona pobre no tiene tanta.»[xcviii]

También digo eso, en segundo lugar, ya que en Puerto Rico es más probable que las amantes, las novias, los amigos y los familiares de los políticos, al igual que los familiares y amigos de los donantes políticos que más dinero donan, tengan mejores posibilidades de tener éxito que las personas pobres, inteligentes y altamente educadas: (1) que no tienen conexiones políticas ni sociales; y (2) que no tienen el dinero para realizar fuertes donativos políticos.[xcix]

Ahora bien, cabe aclarar que lo antes mencionado siempre ha sido la norma en Puerto Rico. El gran problema es que ahora, durante está gran depresión económica, hemos visto que la utilización de las conexiones políticas y sociales para obtener buenos empleos y jugosos contratos con el Gobierno se ha agudizado. Al punto de que la mencionada *corrupción gubernamental*, para perjuicio de los titulados inteligentes y pobres, ni se esconde ni se desconoce.

Sobre eso, hablemos sobre lo que ha estado ocurriendo con los *partidos políticos*. Todo habitante de Puerto Rico sabe que los dos principales partidos políticos en Puerto Rico, que no son más que unos carteles que se han pasado traficado con empleos y contratos gubernamentales durante esta gran depresión económica, han estado funcionando «como un fondo mutuo donde pagas donativos y el dividendo (...) es monumental.»[c]

Así, por ejemplo, si un donante político le dona fuertes cantidades de dinero al *Partido Popular Democrático* y dicho partido gana el puesto de gobernador durante las elecciones generales, es altamente probable que el hijo de ese donante, sin tener los méritos, termine con un jugoso empleo gubernamental o con un jugoso contrato para brindar algún servicio.[ci]

Dicho eso, ahora hay que hablar de la empresa privada. Lo primero que hay que mencionar es que la empresa privada en Puerto Rica está, peligrosamente, por el piso. Recuerde que «da economía de Puerto Rico ha perdido su capacidad de crecer.»[cii] Recuérdese, además, que la economía de Puerto Rico ha estado, durante está *gran depresión económica,* en crecimiento negativo. Por eso es que en Puerto Rico hay miles de negocios privados cerrados, quebrados, funcionando con pérdidas y en planes de cierre.

Con lo anterior en mente, cabe mencionar que esta gran depresión económica ha provocado que muchísimas empresas privadas, en especial empresas grandes, hayan prostituido sus métodos de reclutamiento. Digo eso ya que ahora, tristemente, es normal que se *publiquen convocatorias:* (1) para engañar a los necesitados desempleados; y (2) para dar la apariencia de un debido proceso laboral.

Es decir, después de que publican las convocatorias y hacen las entrevistas, realizadas para *meramente cumplir* con requisitos estandarizados, las empresas privadas no les ofrecen los empleos a los solicitantes. Puesto que las personas seleccionadas, desde antes de publicarse las convocatorias, ya habían sido seleccionadas en secreto. En esos casos, por lo regular, uno puede ver que los escogidos a dedo son familiares, amigos y conocidos de las personas con poder dentro del Gobierno y/o de la empresa privada.

A eso se suma que en algunas empresas famosas y grandes, como son las universidades privadas, estamos viendo que muchos puestos de trabajo les son ofrecidos a personas que tienen conexiones políticas y sociales. Y eso se está haciendo ya que dichas empresas, al darles los puestos de trabajo a las mencionadas personas, saben que podrían obtener beneficios gracias a las conexiones políticas y sociales de los contratados.

No puedo dejar de mencionar, por otro lado, que en este mundo de mierda hay personas que tienen el talento «de arrastrarse ante ministros y ratas, para mendigar indignamente un amargo mendrugo de pan; o de lisonjear a todos esos mediocres, hinchados de vanidad, sumándose (...) al cortejo glorificante de la charlatanería.»[ciii]

Pues bien, si vamos a Puerto Rico veremos que, por haber tan pocos puestos de trabajo, los mendigos que vanaglorian a los ricos y poderosos han aumentado considerablemente. Por eso es que ahora, durante esta gran depresión económica, las ratas que tienen el talento de arrastrase ante los ricos y/o poderosos tienen más posibilidades de conseguir un buen empleo –*o un buen aumento de sueldo*– que una persona educada e inteligente que no se presta para ensalzar el ego de los ricos y/o poderosos.

Por último, tengo de decir que muchos habitantes de Puerto Rico creen que el capitalismo es la mejor manera para mejorar la economía y, sobre todo, para crear buenos empleos. Sin embargo, todo parece indicar que esas nubladas personas, que al parecer no son amantes de la lectura, han olvidado que «el capitalismo (...) prácticamente garantiza la desigualdad de oportunidades y de ingresos.»[civ]

Además, todo apunta a que las mencionadas personas han olvidado que el capitalismo, durante una *gran depresión económica*, no hace más que: (1) aumentar las malas prácticas empresariales y laborales; y (2) aumentar el egoísmo empresarial y social.

De igual manera, la mayoría de los puertorriqueños han olvidado que las depresiones económicas, al igual que las largas recesiones económicas, son producto de malas prácticas empresariales que están presentes en los países capitalistas.

De hecho, la mayoría de los habitantes de Puerto Rico han olvidado que la gran depresión económica de Puerto Rico y la depresión económica de los Estados Unidos de América, que en este siglo XXI han provocado dolores, llantos, ansiedades, quiebras y suicidios, tienen sus orígenes –en mayor parte– en las malas prácticas empresariales y capitalistas ejecutadas por bancos, tasadores, casas de evaluación de crédito y firmas de inversión.

Por último, no queda más que decir que el *amiguismo y la partidocracia* dentro del reclutamiento de empleados, al igual que durante la otorgación de contratos, han provocado una imparable y peligrosa «fuga de cerebros» durante esta gran depresión económica.[cv] Es triste saber que muchas personas inteligentes y educadas que se han marchado de Puerto Rico, se hubiesen quedado en la isla aportando para un mejor futuro si los Gobiernos (municipales y estatal), al igual que las empresas privadas que tienen mucho dinero, les hubieran ofrecido buenos empleos.

D. Aumento de la pobreza

Todo el mundo sabe, o debería saber, que «no puede haber una sociedad feliz (...) cuando la mayor parte de sus miembros son pobres y desdichados.»[cvi] Pues bien, si analizamos lo que ha estado ocurriendo en Puerto Rico veremos que la mayoría de sus ciudadanos, debido a la pobreza, no son felices. Y digo que la mayoría de los habitantes de Puerto Rico no son felices ya que, según un análisis realizado –y dado a conocer en 2013– por el Departamento de la Familia de Puerto Rico, «el 57 por ciento de las familias viven bajo el nivel de pobreza.»[cvii]

Dicho eso, en necesario recordar que durante una depresión económica, al igual que durante una gran depresión económica, uno puede ver que la población de un país se *empobrece significativamente*. Pues bien, en el caso de Puerto Rico se ha dado ese empobrecimiento.

Digo eso ya que en 2005, antes de que comenzara la gran depresión económica, «la tasa de pobreza era de 44.9% y aumentó a 46.9% en el 2006.»[cviii] Y hoy en día (2013), en plena gran depresión económica, la tasa de pobreza está en cincuenta y siete por ciento.[cix]

Con eso en mente, es necesario informar que la pobreza está en una situación tan alarmante que, actualmente, dentro de Puerto Rico están los municipios o condados más pobres de los EUA.

Digo eso ya que un estudio realizado por la **Organización de las Naciones Unidas para la Educación, la Ciencia y la Cultura** (UNESCO, según sus siglas en inglés) demostró, para mi tristeza, que «Orocovis, Maricao, Lares y Las Marías (pueblos de la zona montañosa) son los municipios más pobres de todo el territorio estadounidense.»[cx]

Otro injusto asunto que está relacionado con la pobreza puertorriqueña, que se ha agudizado durante esta gran depresión económica, es que la brecha económica entre los ricos y los pobres crece cada día –es decir, los ricos se vuelven más ricos y los pobres más pobres–. Y dicha brecha ha crecido tanto durante los últimos trece años que Puerto Rico, por increíble que parezca, es «el país con mayor desigualdad económica entre todos los países latinoamericanos.»[cxi]

Discutido eso, imagino que algunos puedan preguntarse sobre las razones del empobrecimiento poblacional en Puerto Rico. Sobre eso, menciono que algunas de esas razones ya las he discutido. Pero, para beneficio de todos menciono que los habitantes de Puerto Rico se han empobrecido ya que «la economía de Puerto Rico (...) ha sufrido *un colapso estructural.*»[cxii]

Y ese colapso estructural, como ya dijimos, ha provocado: (1) el cierre y la quiebra de miles de negocios; y (2) la eliminación de miles de puestos de trabajo. De hecho, debe recordar que, desde el 2006, «la economía cayó en una depresión y se han perdido más de 240,000 empleos.»[cxiii]

A eso se suma que la mayoría de los comercios en Puerto Rico, tienen expectativas de sufrir pérdidas debido a la pobreza y al colapso de la económica.

Y esa «expectativa de que los negocios estén en un momento de pobreza (...) conduce a invertir poco, y dicha conducta asegura que la pobreza en los negocios continúe.»[cxiv] Y mientras la pobreza en los negocios continúe: (1) se crearán pocos empleos —*la mayoría de ellos chatarra*—; (2) se reducirán jornadas laborales; y (3) el empobrecimiento social continuará.

Otro asunto que está relacionado con el empobrecimiento de la población de Puerto Rico, está relacionado con los abusivos impuestos que ha estado imponiendo el corrupto, incompetente, politizado y fulero Gobierno de Puerto Rico. Digo eso ya que el sistema de impuestos que tiene el mencionado Gobierno, «está dedicado a fastidiar al que trabaja, al que paga y produce.»[cxv] En otras palabras, las continuas alzas en los impuestos y en los servicios básicos (agua y luz), unido al estancamiento de los salarios, han provocado que los trabajadores de Puerto Rico tengan menos dinero en los bolsillos.

Nótese que dije que en Puerto Rico ha habido un estancamiento en los salarios. Pues bien, no está de más mencionar que los estancados salarios de los trabajadores de Puerto Rico no han podido hacerle frente a la inflación. Por lo que los puertorriqueños de clase media y pobre han tenido que ver que sus salarios, debido a la inflación, no dan para comprar todos los bienes que solían comprar antes.

Cabe aclarar que una inflación es, en apretada síntesis, la «reducción del poder de compra de la moneda (...) que generalmente se refleja en el aumento de los precios.»[cxvi]

E. Más desahucios y reposesiones

Mencioné antes que «el paro, los recortes salariales y las subidas de impuestos son algunas de las razones por las que el gasto por persona ha disminuido.»[cxvii] También mencioné que «*los residentes de Puerto Rico* se han hecho más pobres y más dependientes de programas federales de asistencia social.»[cxviii]

Ahora es necesario mencionar, en lo pertinente, que el empobrecimiento de la población de Puerto Rico ha sido tan apabullante y depresivo durante esta gran depresión económica que, angustiosamente, las quiebras y las pérdidas de hogares han sido alarmantes y preocupantes.

Sobre esto último cabe recordar que, tristemente, poco más de diecisiete mil familias perdieron, entre 2009 a 2013, sus hogares. Es decir, los bancos les quitaron sus hogares por falta de pago.[cxix]

Y ahí está, querido lector, lo más trágico de esta gran depresión económica. ¿Sabe por qué digo eso? Porque esta gran depresión económica:

(1) le ha quitado las casas a las personas;

(2) le ha quitado el trabajo a las personas;

(3) ha empobrecido a los menores de edad;

(4) ha convertido el descenso económico en la norma;

(5) le ha fastidiado la salud mental a cientos de miles de habitantes; y

(6) ha eliminado el *ascenso socioeconómico;*

Por último, es triste tener que mencionar que en Puerto Rico, durante esta gran depresión económica, se han dado un sinnúmero de tristes casos relacionados con los lanzamientos.

Así, por ejemplo, ha habido casos en donde las personas han gritado, llorado y forcejeado durante los lanzamientos. También ha habido casos en donde las personas, tristemente, han rogado para evitar ser desahuciados.

Eso me ha hecho recordar un caso que ocurrió en San Juan, Puerto Rico. Allí, en 2013, una persona que vivía en un sector para personas ricas tuvo serios problemas económicos y, para su perjuicio, dejó de pagar su lujoso apartamento. Luego de un tiempo, se radicó un desahucio y varios alguaciles acudieron al lugar con el fin de lanzar al deudor. Y, tristemente, tan pronto los alguaciles «tumbaron la puerta del apartamento» el deudor comenzó a gritar y se infligió varias «heridas punzantes.»[cxx]

F. Suciedad y abandono

Todo el mundo sabe que «a medida que disminuye la demanda de bienes y servicios, las empresas se ven obligadas a reducir costos, bajando los salarios del personal que retiene.»[cxxi] A eso se suma que muchas empresas, como parte de la *reducción de costos*, descuidan los gastos destinados al embellecimiento y mantenimiento de las plantas físicas.

Tampoco se puede pasar por alto que muchos arrendadores, durante una depresión económica y durante una *gran depresión económica*, por quedarse sin inquilinos y por sufrir serias presiones económicas no pueden mantener en buen estado las estructuras vacías. Por eso uno puede ver que durante una gran depresión económica, al igual que durante una depresión económica, abundan los edificios comerciales e industriales vacíos, feos y descuidados.

Tampoco se puede pasar por alto que, debido a las *crisis y depresiones económicas*, los Gobiernos tienen serias dificultades económicas, por lo que muchos de ellos descuidan las tareas de embellecimiento y mantenimiento de las vías públicas. Por eso es que, por ejemplo, uno puede ver que aumenta: (1) la suciedad en las calles; (2) el deterioro de muchísimas facilidades públicas; y (3) el deterioro de las vías públicas.

Pues bien, si uno analiza lo que ha estado ocurriendo en Puerto Rico durante esta gran depresión económica veremos que, tristemente, todo lo antes mencionado ha estado ocurriendo.

Y lo más increíble es que, uno está viendo un elevado deterioro en las principales carreteras del país. Así, por ejemplo, en la ciudad de San Juan es notable el aumento de los vertederos clandestinos y, sobre todo, de las estructuras feas y abandonadas en las principales vías de la ciudad.

Ahora bien, este asunto ha traído un asunto sumamente peligroso para la salud pública. Y el asunto peligroso está en el hecho de que muchos municipios de Puerto Rico, por estar en quiebra, han recortado los fondos que estaban destinados para el recogido de basuras y escombros. Y en los casos más graves, hay municipios que no les pagan a las empresas privadas que se encargan de hacer lo antes mencionado.

Por eso es que en Puerto Rico, al transitarse por muchas zonas residenciales y comerciales, ya es normal que uno pueda ver *recipientes de basura desbordados*. También es normal observar que los alrededores de muchos recipientes de basura, por la falta del servicio de recogido, se conviertan en pequeños vertederos.

¿Y cuál es el problema de salud pública? Que la indebida acumulación de basura, especialmente si contiene alimentos podridos, «puede crear un problema de infestación de moscas. Y la mosca puede ser intermediaria de varias enfermedades (...). El segundo problema de salud pública que pudiera ocasionar es la proliferación de ratas, portadoras de enfermedades.»[cxxii]

G. Más delitos

La criminología ha demostrado, hace bastante tiempo, que «la escasez monetaria es el principal *detonante del crimen...*».[cxxiii] También ha demostrado, para preocupación de los economistas, que «a medida que la economía formal se debilita se estimula a la ciudadanía a recurrir a conductas delictivas o ilegales para sobrevivir.»[cxxiv]

Debe tenerse en cuenta, además, que las ciencias económicas enseñan que, durante una depresión económica, «a medida que la fuerza trabajadora disminuye y decae la salud financiera, la tendencia se encamina a un aumento en los *delitos contra la propiedad,* como (...) escalamientos, hurtos de autos y apropiaciones ilegales.»[cxxv]

Dicho eso, es obvio que ha saltado a la vista una pregunta: ¿es malo que algunas personas que no puedan conseguir empleos, particularmente durante una depresión económica, recurran a la actividad criminal para poder sobrevivir?

La respuesta, querido lector, tiene que ser contestada en la negativa. ¿Sabe por qué? Porque todo ser humano tiene la necesidad de sobrevivir, y, lógicamente, si la economía formal no puede ayudar a las personas a tener un salario adecuado para poder sobrevivir y cumplir con las enormes cargas económicas que impone la vida diaria, no queda más que *la necesidad* recurrir a la delincuencia.

Sé que algunas personas, en especial las suertudas que tienen buenos trabajos gracias a sus conexiones políticas y sociales, pensarán que he ido muy lejos al entender y apoyar la conducta criminal durante las depresiones económicas.

A esas personas les digo que muchísimas personas, entre ellas afamados filósofos y poetas, también comparten mi opinión. Ejemplo de eso es que **Horacio**, un afamado poeta que nació en Italia, nos enseñó lo siguiente: «procúrate dinero; si puede, *procúratelo honradamente*; si no, procúratelo de cualquier modo.»[cxxvi]

Ahora tengo que decir, habiendo dicho lo anterior, que si usted analiza lo que ha estado ocurriendo en Puerto Rico durante esta gran depresión económica del siglo XXI notará que, cada año, aumentan las personas que tienen que recurrir a actividades criminales para poder llevar comida a la mesa.

Y lo más notable sobre eso es que los empobrecidos ciudadanos de Puerto Rico han estado utilizando, además de los robos, los escalamientos y los hurtos de autos, el narcotráfico como una vía para obtener dinero. De hecho, actualmente hay sobre doscientas mil personas que, por pura necesidad, laboran -*directa e indirectamente*- para la lucrativa industria del narcotráfico.

Pero más dramático es el hecho de que el narcotráfico, que tiene su causa principal en la desigualdad social, ha ocasionado que Puerto Rico se haya convertido en un centro de distribución de *narcóticos ilegales.* Es decir, algunos narcotraficantes de Puerto Rico envían, todos los años, toneladas de drogas ilegales –mayormente cocaína– a los Estados Unidos continentales.[cxxvii]

Ahora bien, debo aclarar que, aunque entiendo las razones por las cuales miles de personas han tomado la decisión de trabajar en la industria del narcotráfico durante esta *gran depresión económica,* la realidad es que el narcotráfico en Puerto Rico se ha convertido en un serio y peligroso problema. Para empezar, todos los años los sicarios ejecutan a cientos de personas que laboran en la industria del narcotráfico.

A eso se suma que los narcotraficantes, por medio de sus billetes, han logrado penetrar dentro de las filas de la Policía de Puerto Rico y de la Policía Municipal. Por eso es que, a cada rato, policías estatales y municipales son arrestados por colaborar con narcotraficantes.

Otro gran problema relacionado con el narcotráfico, que se ha agudizado durante está gran depresión económica, es que cada año aumenta la cantidad de jóvenes educados –y sin historial criminal– que entran a laborar en la industria del narcotráfico. Eso está ocurriendo ya que Puerto Rico, que se ha convertido en un narcoestado, «está sintiendo la presión» de la *gran depresión económica* y muchos «jóvenes no tienen muchas opciones.»[cxxviii]

Dicho eso, es necesario hacer una pequeña aclaración sobre el asunto del narcotráfico en Puerto Rico. Debe haber notado que mencioné, líneas arriba, que la inmensa mayoría de las personas que trabajan directa e indirectamente dentro de *la industria del narcotráfico* lo hacen ya que no tenían, debido a la falta de oportunidades y a la desigualdad social, más remedio.

Ahora bien, no se puede pasar desapercibido el hecho de que hay personas pobres que, a pesar de tener los medios necesarios para poder *subsistir dignamente,* olvidaron esa gran máxima que enseña, magistralmente, que «para vivir felizmente basta con muy poco.»[cxxix]

Es decir, dentro de ese grupo están las personas que, *a pesar de tener el dinero suficiente para pagar sus obligaciones y para comprar los bienes necesarios,* se dejan seducir por las imbecilidades que están relacionadas con el consumismo y el materialismo. En esos casos, que son los menos, esos imbéciles comienzan a laborar en la industria del narcotráfico con el fin de obtener dinero: (1) para comprar muchos bienes; y (2) para comprar bienes costosos y lujosos.

Y eso, amigo lector, no es un asunto raro. ¿Sabe por qué? Porque los estudios criminológicos enseñan, tristemente, que «el narco tiene una gran capacidad seductora con tanto dinero, con tanto poder, mujeres guapas, autos de lujo...».[cxxx]

Para terminar con el asunto del narcotráfico, ya que este libro no está relacionado con ese tema, debo recordarle, para que no juzgue demasiado duro a las personas que laboran en la industria del narcotráfico, que la enorme desigualdad social –que provoca pobreza y marginación– que hay en el gueto de Puerto Rico es la principal causante del narcotráfico.

Recuerde que, en Puerto Rico, mientras unos pocos disfrutan de los privilegios, de las conexiones políticas y del dinero, cientos de miles de pobres tienen que lidiar con la pobreza y, a pesar de tener estudios y un historial criminal limpio, con la falta de oportunidades.

En fin, recuerde que esta angustiosa *gran depresión económica* ha agravado esa gran máxima que enseña que «la pobreza y la falta de oportunidades hace del crimen organizado, en especial el narcotráfico, la única alternativa para los jóvenes e incluso los niños.»[cxxxi]

Por otro lado, tengo que decir que las acciones fraudulentas también tienden a aumentar durante una gran depresión económica. Ahora bien, lo más peculiar sobre ese asunto es que uno puede ver un marcado aumento de acciones fraudulentas ejecutadas por personas que tienen un estatus social alto. Así, por ejemplo, uno puede ver que aumenta la cantidad de médicos que, en aras de mantener sus elevados y costosos estatus sociales, se prestan para *ejecutar actos fraudulentos* relacionados con la salud.[cxxxii]

Lo mencionado me ha hecho recordar un caso que ocurrió en el estercolero (social) de Puerto Rico. Allí, en 2013, agentes del Buró Federal de Investigación de Estados Unidos (FBI, por sus siglas en inglés) arrestaron a cuatro médicos que, a cambio de fuertes sumas de dinero, fraudulentamente certificaban que sus pacientes estaban incapacitados. Cabe señalar que los mencionados médicos, que ganaron mucha plata, realizaban lo anterior con el fin de que los pacientes, fraudulentamente, recibieran beneficios económicos por parte de la Oficina del Seguro Social de los EUA.[cxxxiii]

También se puede ver, durante una depresión económica y durante una *gran depresión económica,* que muchos presidentes y/o decanos de instituciones de educación superior, con el fin de ganar enormes sumas de dinero por medio de becas y préstamos estudiantiles, autorizan la publicación de anuncios patentemente engañosos. Por lo regular, esos *anuncios patentemente engañosos* están relacionados con la inflación de las estadísticas que hablan sobre las tasas de empleabilidad de los recién titulados.[cxxxiv]

Por último, no puedo dejar pasar esta oportunidad para mencionar que esta maldita gran depresión económica ha llevado a muchas personas pobres y desempleadas a prostituirse con el fin de poder subsistir. Ahora bien, lo más curioso es que: (1) muchas de las personas que actualmente se prostituyen –por culpa de la gran depresión económica– cuentan con estudios universitarios; y (2) ha aumentado la prostitución masculina.[cxxxv]

Lo antes indicado, querido lector, es otra muestra que indica que la economía de Puerto Rico está en gran depresión económica. Cuando uno ve que muchas personas que *no ejercían* la prostitución toman la decisión de prostituirse (que es delito en Puerto Rico) para poder subsistir, debemos hablar sobre una gran depresión económica –y no de una recesión económica–.

H. La gran emigración del siglo XXI

Todo el mundo sabe que la vida, que es sumamente corta, «carece de valor si no (...) produce satisfacciones.»[cxxxvi] Pues bien, cuando una persona decente ve que no puede conseguir trabajo tiende a pensar que su vida, debido a las enormes *necesidades y preocupaciones*, carece de satisfacciones. Y eso, amigo lector, no es extraño. ¿Sabe por qué? Porque «para quien sea autosuficiente, y para quienes deben sostener una familia, el desempleo es una tragedia personal.»[cxxxvii]

Pues bien, amigo lector, debo señalar que la gran depresión económica que ha estado azotando a Puerto Rico ha provocado que cientos de miles de habitantes piensen y sientan que Puerto Rico se ha convertido en un depresivo lugar en donde no es posible obtener satisfacciones, empleos ni trabajos decentes.

Y por eso es que, además, cientos de miles de habitantes de Puerto Rico han decidido, desde 2006, emigrar hacia los *Estados Unidos continentales* en busca de oportunidades. De hecho, no está de más mencionar que en 2006, cuando comenzó esta gran depresión económica, treinta y siete mil personas, «aproximadamente el 1 % de la población de Puerto Rico», se mudaron a los Estados Unidos continentales.[cxxxviii]

Ahora bien, debo aclarar que la enorme e imparable *emigración puertorriqueña* comenzó en el año 2001. De hecho, sepa que quinientas mil personas se mudaron de Puerto Rico entre el 2001 al 2009.[cxxxix] Y, tristemente, entre el 2010 al 2013 cerca de «146,800» personas se mudaron de Puerto Rico.[cxl]

Explicado eso, ahora debo mencionar que la mencionada gran emigración puertorriqueña del siglo XXI ha traído –y traerá– varias consecuencias. La primera de ellas, que ya la mencionamos, es que la inmensa mayoría de las personas que están abandonando el putrefacto Puerto Rico han asistido a instituciones de educación superior. Y eso significa que, peligrosamente, el nivel educativo de la *población de Puerto Rico* ha descendido –y seguirá descendiendo– dramáticamente.

Otra consecuencia de esa imparable y triste emigración puertorriqueña es que contribuye –y seguirá contribuyendo– «al envejecimiento de la población, y con ello a los altos costos por servicios médicos (...). Esto aporta al empobrecimiento del Estado y afecta directamente a la educación...».[cxli]

También debe tenerse en cuenta que ese enorme éxodo de personas educadas, al igual que el éxodo de jóvenes saludables con ganas de trabajar, «crea una expectativa negativa en la economía debido a la debilidad en los mercados de valores de venta y consumo.»[cxlii]

Por otro lado, y aprovechando que estoy hablando sobre emigración, tengo que mencionar que las ciencias económicas nos han enseñado que «el dinero, y no la moral, es el principio de las naciones comerciales.»[cxliii]

Pues bien, cabe mencionar que en Puerto Rico, desde el 2006, muchas empresas estadounidenses y locales, sin importarles haber dejado sin trabajo a miles de empleados, han cerrado sus puertas debido a que entendieron que Puerto Rico era –es y seguirá siendo– un pésimo lugar para hacer negocios.

Ahora bien, lo más curioso es que muchos de los dueños y/o directores de dichas empresas han decidido relocalizar sus operaciones en otros países. Y lo más triste y peligroso de esa situación, para consternación de los empresarios domésticos, es que en la medida en que la economía de Puerto Rico siga en picada habrá más empresas relocalizándose en otros países.

Y eso, querido lector, no es un asunto extraño. ¿Sabe por qué? Porque está demostrado que «(...) la inestabilidad económica puede conducir a la fuga de capitales domésticos [y extranjeros] hacia países del extranjero donde existan menos riesgos para la inversión.»[cxliv]

Por otro lado, debo mencionar que esa enorme emigración hacia los Estados Unidos continentales no ha sido –ni será– color de rosa para muchos emigrantes. Digo eso, en primer lugar, ya que la inmensa mayoría de los mencionados emigrantes descubrieron que, como dice la *American Asociation of Community Colleges*, «el sueño americano se ha estancado.»[cxlv]

En segundo lugar, por motivo de que los mencionados emigrantes se encontraron –y se encontrarán– con una economía que, tristemente, está en depresión económica. Y eso ha significado que, aunque en menor medida que en Puerto Rico, han tenido algunas dificultades para encontrar trabajo.

Es necesario mencionar que de todos los boricuas que han emigrado, los más que han tenido dificultades para conseguir empleo son los que no son profesionales. Digo eso ya que muchas de esas personas tenían la esperanza de, por lo menos, conseguir un empleo relacionado con *la manufactura*. Pero se encontraron con una desastrosa realidad, a saber, con el hecho de que la manufactura en EUA está por el piso. De hecho, se sabe que los Estados Unidos de América «perdió más de cinco millones de empleos industriales entre 2000 y 2010. Dicho de otra manera, casi un tercio del empleo manufacturero.»[cxlvi]

También están teniendo algunos problemas para conseguir buenos empleos los emigrantes puertorriqueños que, aunque no son profesionales, tienen una sólida preparación académica. Digo eso ya que esas personas tenían la esperanza de encontrar, como dicen las universidades, buenos trabajos relacionados con sus áreas de estudio.

Pero se encontraron con el hecho de que, debido a la depresión económica, «la capacidad de la economía de Estados Unidos de crear buenos trabajos está decayendo.» También descubrieron que cada día «hay más empleados ocupando trabajos malos.»[cxlvii] Por eso es que muchos de los *emigrantes puertorriqueños*, a pesar de estar sólidamente preparados, han tenido que entrar en las estadísticas del subempleo, es decir, han tenido que aceptar empleos de baja paga.

I. Desánimo social

Todo el mundo sabe, o debería saber, que «no puede haber una sociedad floreciente (...) cuando la mayor parte de sus miembros son pobres y desdichados.»[cxlviii] Además, todo el mundo sabe que «el dinero no da felicidad, pero aplaca los nervios.»[cxlix]

De igual manera, todo el mundo sabe que la salud mental de una enorme cantidad de personas se afecta, negativamente, durante las depresiones económicas.[cl] ¿Sabe por qué? Por razón de que *aumentan, significativamente, las dañinas preocupaciones económicas.* Y lo más notable de esos aumentos en las dañinas preocupaciones económicas es que, tristemente, se dan entre los que tienen trabajo y, sobre todo, en los que no pueden conseguir empleo.

¿Sabe por qué mencioné que las constantes preocupaciones económicas, como las que tienen los ciudadanos durante las depresiones económicas, son dañinas? Por motivo de que la ciencia ha demostrado que esas horribles preocupaciones, peligrosamente, provocan que muchas personas terminen sufriendo de «dolores de cabeza, *enfermedades gastrointestinales,* problemas estomacales crónicos, hipertensión arterial, infartos del miocardio, diabetes, accidentes cerebrovasculares, problemas inmunológicos y cardiovasculares, cansancio, insomnio, dolores musculares, depresión, ataques de pánico y ansiedad.»[cli]

Teniendo en cuenta lo anterior, no se puede olvidar que las presiones económicas son tan fuertes durante las depresiones económicas que, tristemente, uno también puede notar: (1) que aumentan los actos violentos en las familias; (2) que aumentan los casos de brutalidad policial; (3) que aumenta la irritabilidad y la agresividad entre la población; y (4) que aumenta el egoísmo.

Sobre el punto número uno antes mencionado, debo mencionar que ese asunto fue confirmado por un estudio realizado por investigadores de la **Universidad de Princeton**, ubicada en los Estados Unidos de América. Digo eso ya que según los resultados de ese estudio, que fueron dados a conocer en 2013, los malos tratos hacia los menores de edad –como son los gritos y los abusos físicos– aumentan cuando existe una fuerte incertidumbre económica y laboral.[clii]

A eso se suma que, regularmente, uno también puede notar que aumentan los suicidios y los intentos de cometer suicidio: (1) durante una depresión económica; (2) durante una *gran depresión económica;* y (3) durante una crisis económica. Y eso, amigo lector, no es nada extraño. Puesto que «el desempleo», la pérdida del hogar y «da pérdida de ingresos» son unas *desgracias económicas* que, a lo largo de la historia, han llevado a muchísimos seres humanos a terminar con sus vidas.[cliii]

Lo mencionado me ha hecho recordar un triste caso que ocurrió en Grecia. Allí, en 2012, un músico se quedó sin trabajo y sin dinero por motivo de los estragos que estaba ocasionando la gran depresión económica. Así las cosas, y luego de escribir en su carta de suicidio que Grecia estaba gobernada «por ladrones y todos sus acólitos», el músico tomó la decisión de suicidarse. Ahora bien, lo más dramático de ese caso fue que el músico «se tiró de una azotea junto a su madre, de 90 años y enferma de Alzheimer.»[cliv]

También recuerdo que en Japón, tristemente, los casos de suicidio aumentaron dramáticamente cuando muchas personas comenzaron a perder sus puestos de trabajo debido a recortes motivados por la «crisis económica.» Cabe mencionar que lo más dramático de dicho aumento fue que, además de que la tasa de suicidio aumentó en un quince por ciento, «unos 32.000 japoneses se suicidaron en 2008», o sea, en plena crisis económica.[clv]

Con eso en mente, no está de más recordar que las crisis y depresiones económicas siempre han sido eventos nefastos para el pueblo japonés. Puesto que, históricamente, los casos de suicidio aumentan dramáticamente cuando, debido a las *depresiones y depresiones económicas prolongadas*, las personas pierden sus empleos o no pueden conseguir empleo.

Ahora bien, ¿sabe por qué ocurre eso en Japón? Porque, en primer lugar, «el suicidio es visto como una opción honorable por la sociedad japonesa en general.» Y en segundo lugar, ya que la inmensa mayoría de los hombres japoneses entienden que el suicidio es una honorable salida cuando, debido a sus problemas económicos, «no son capaces de mantener a sus familias.»[clvi]

Por otro lado, debo mencionar que «las políticas de austeridad» que imponen los Gobiernos en aras de tratar de salir de las depresiones económicas, *según un estudio realizado por investigadores de la Universidad de Oxford y de la Universidad de Stanford,* aumentan significativamente las tasas de «depresiones y suicidios.»[clvii]

Lo mencionado me hace recordar que en España, en donde hay una asfixiante gran depresión económica, las políticas de austeridad implantadas por el Gobierno —*que han incluido despidos de empleados públicos, recortes de presupuesto, aumento de impuestos y rebajas de salarios*— han afectado significativamente la salud mental del pueblo. Y ese triste asunto, unido al desempleo, a los desahucios y a las deudas personales, ha provocado que muchos españoles hayan tomado la decisión de suicidarse.[clviii]

Lo anterior también me ha hecho recordar un triste caso que ocurrió, en 2012, en Grecia. Allí, en donde la gran depresión económica ha provocado que el corrupto e ineficiente Gobierno de Grecia haya impuesto medidas de reducción y eliminación de pensiones por jubilación, un farmacéutico jubilado —llamado Dimitris Chrisoula— tomó la decisión de suicidarse «en protesta por las medidas de austeridad impuestas por el gobierno.»[clix]

Lo más dramático de ese caso fue que Chrisoula, que tenía setenta y siete años de edad, «se dio un tiro en la plaza del parlamento y dejó una nota culpando a los políticos por la pérdida de su pensión, además escribió que prefería morir a tener que escarbar basura para procurarse comida.»[clx]

Explicado eso, ahora es necesario mencionar que esta gran depresión económica ha provocado que la sociedad de Puerto Rico haya dejado de ser floreciente. Además, las tasas de pobreza, criminalidad, inseguridad laboral (probabilidades de perder el empleo) y desempleo son tan elevadas que, alarmantemente, la inmensa mayoría de los habitantes de Puerto Rico viven entristecidos y con los nervios de punta.

Pero lo más triste de esta gran depresión económica, desde un análisis de salud mental, es que ha hecho que los intentos de suicidio, al igual que «los casos de depresión mayor severa y de trastornos de ansiedad generalizada», hayan aumentado significativamente en la población puertorriqueña.[clxi]

Sobre el marcado aumento en los casos de intento de suicidio cabe mencionar que, un análisis realizado —y dado a conocer en 2013— por la Administración de Servicios de Salud Mental y Contra la Adicción de Puerto Rico demostró que «cada tres horas ocurre un intento de suicidio en Puerto Rico.»[clxii]

Y sobre el asunto de los suicidios, no está de más mencionar que esta maldita gran depresión económica ha provocado «un aumento en el número de mujeres que presentan tendencias suicidas y que (...) utilizan métodos más letales» para suicidarse.[clxiii] A eso se suma que muchos *comerciantes y profesionales*, tristemente: (1) han tomado la decisión de suicidarse; y (2) han intentado suicidarse debido a las enormes presiones económicas que han estado relacionadas con esta gran depresión económica.

Lo dicho me hace recordar que, en 2012, un afamado abogado puertorriqueño, que tenía su oficina en el municipio de Manatí, tomó la decisión de suicidarse, en plena *gran depresión económica*, «por problemas económicos.»[clxiv]

Otro dato sumamente triste es que, durante esta *gran depresión económica*, también ha aumentado significativamente la cantidad de personas que, sin haber realizado gestiones para suicidarse, desean suicidarse debido a sus problemas económicos.

Digo eso ya que un análisis realizado por la Administración de Servicios de Salud Mental y Contra la Adicción de Puerto Rico demostró que, del 1 de enero de 2013 al 30 de junio de 2013, más de cincuenta mil personas «con ideas suicidas» le solicitaron ayuda profesional al mencionado departamento gubernamental.[clxv] A eso se añade que dicho estudio también demostró que la mayoría de las personas que solicitaron ayudas, manifestaron que sus destructivas ideas estaban relacionadas con «problemas económicos.»[clxvi]

Por otro lado, debe recordar que mencioné antes que muchas empresas: (1) han declarado un estado de *emergencia económica* y han implementado rebajas de salarios; y (2) «están reduciendo las horas de trabajo o contratando exclusivamente personas que trabajan por horas.»[clxvii] Debe recordar, además, que mencioné que la inflación ha provocado que el salario del *puertorriqueño promedio* no sea adecuado para competir con el alto costo de vida que hay en Puerto Rico.

Pues bien, todo eso ha provocado que miles de puertorriqueños hayan tomado la decisión de trabajar más horas para tener más dinero en sus bolsillos. De hecho, ahora es común poder observar que miles de personas tengan dos o tres empleos –en muchas ocasiones todos esos empleos son a tiempo parcial– para poder sobrevivir pobre y dignamente.

El gran problema con eso es que trabajar tantas horas al día, unido al hecho de que se utilicen las horas de descanso para trabajar, afecta –a la larga– significativamente la salud física y mental de los trabajadores. De hecho, se sabe que el exceso de trabajo unido al poco descanso provoca grandes tensiones físicas y mentales. Por eso estaba en lo correcto **Fedro** –*un fabulista que nació en Macedonia*– cuando escribió que «si tienes el arco siempre tenso, muy pronto lo romperás.»[clxviii]

Ahora bien, si profundizamos un poco más dentro de lo antes mencionado veremos que esta maldita gran depresión económica ha provocado que muchos habitantes de Puerto Rico, tristemente, se hayan convertido en esclavos. Digo eso ya que cuando una persona, constantemente, tiene que trabajar más de ocho horas al día y durante sus días de descanso para poder sobrevivir dignamente se convierte en una esclava.

Sé que algunas personas, en especial las adictas al trabajo, dirán que he ido muy lejos. Pues bien, les digo a esas personas que mi opinión está sólidamente respaldada. Así, por ejemplo, si leemos los libros del **Dr. Friedrich Nietzsche**, un afamado filósofo alemán, veremos que él manifestó que la persona que no tenga dos terceras partes del día «para sí mismo es un esclavo (...).»[clxix] Y si leemos los libros de **Marco Tulio Cicerón**, un afamado político romano, veremos que él manifestó que una persona no es libre si no tiene, «algunas veces, sus ratos de ocio.»[clxx]

Dicho eso, es incuestionable que uno puede seguir añadiendo puntos negativos sobre esta cuestión de trabajar mucho y descansar poco para, meramente, poder sobrevivir dignamente. Ahora bien, por cuestión de tiempo voy a plasmar otro asunto negativo. ¿Se imagina sobre qué hablaré ahora? Como sé que no lo sabe le digo que trabajar tantas horas al día –al igual que trabajar durante los días de descanso–, especialmente realizando labores que no sean muy agradables, provoca que los seres humanos malgasten lo más importante en la vida, a saber, el tiempo.

Digo eso ya que el trabajador promedio, por estar trabajando tantas horas en su hogar y en uno o dos trabajos oficiales, no puede disfrutar máximamente de su vida. De hecho, en esos casos uno puede notar que la vida de esos esclavos voluntarios –que regularmente es un destructivo círculo de dos o tres trabajos oficiales, trabajo doméstico y horas de sueño– se vuelve una dolorosa y aburrida monotonía.

Sin contar que vidas como ésas son tan malas que, además de que le generan grandes tensiones al cuerpo y al cerebro, provocan que los trabajadores no puedan disfrutar adecuadamente de los placeres más elementales que tiene la vida. Así, por ejemplo, el trabajador que trabaja muchísimas horas no puede descansar adecuadamente. Y el descanso adecuado luego de una jornada laboral, como decía *Immanuel Kant*, es «el mayor placer.»[clxxi]

Otra fuente de placer que, durante las *depresiones económicas*, se afecta significativamente por las presiones y preocupaciones económicas, al igual que por el exceso de trabajo, es la actividad sexual. Digo eso ya que «la preocupación por la situación económica (...) repercute sobre la libido», al punto de que disminuye «la frecuencia y la calidad de las relaciones sexuales.»[clxxii]

Ahora bien, este delicado asunto se torna extremadamente dañino para las personas jóvenes que estén casadas o que vivan en público concubinato durante las depresiones económicas. Digo eso ya que las presiones económicas durante las depresiones económicas, como ya mencioné, provocan serios conflictos en las parejas por cuestiones puramente sexuales.

En fin, el punto central sobre este asunto es que las depresiones económicas, que ocasionan que *muchas personas jóvenes y sexualmente activas* tengan serias presiones económicas y que tengan que pasar muchas horas fuera de sus hogares en busca de dinero, provocan que, por falta de sexo adecuado, aumenten los casos de infidelidades, separaciones, divorcios, conflictos y amarguras en las relaciones de pareja.

Y eso, querido lector, no es nada extraño. ¿Sabe por qué? Porque, según la *Asociación Puertorriqueña de Educación, Consejería y Terapia Sexual*, «mientras más frecuentes y satisfactorios son los encuentros sexuales de la pareja, más fuerte es la unión emocional y el compromiso de mantenerse junta.»[clxxiii]

Otro asunto que ha desanimado a *cientos de miles de puertorriqueños*, especialmente a los jóvenes adultos, es que las posibilidades de conseguir buenos empleos luego de culminar estudios universitarios son mínimas.

De hecho, durante estos tiempos de *gran depresión económica* hemos visto que miles personas que tienen doctorados y/o maestrías no pueden conseguir buenos empleos. También hemos visto que miles de entristecidos titulados, muchos de ellos con doctorados académicos y/o maestrías, han llegado a la conclusión de que estudiar en una universidad no vale la pena a menos que se tengan conexiones políticas y/o sociales.

Lo más dañino sobre ese asunto es que, por las calles y comunidades de Puerto Rico se ha corrido la voz de que esa afamada máxima que dice que el esfuerzo y la educación postgraduada son unas buenas formas para mejorar la calidad de vida no es confiable ni veraz. Por lo que la cantidad de estudiantes matriculados en escuelas graduadas ha disminuido, mientras las matrículas en los cursos cortos que no pasan de un año han aumentado significativamente.

Por eso es que, peligrosamente, la mayoría de los adultos jóvenes de Puerto Rico piensan que la educación corta, como la educación que tiene la finalidad de graduar *cocineros,* mecánicos, barberos, estilistas, cosmetólogas y técnicas de uñas, es más rentable que realizar estudios posgraduados.

Dicho eso, debe haber notado que indiqué que «si se pierde la confianza en la idea de que el esfuerzo y la inversión en la educación puede cambiar las oportunidades de vida, tendremos un problema muy serio» y peligroso.[clxxiv] Pues bien, dije eso ya que ese desánimo social ha provocado que cada día existan menos jóvenes que quieran estudiar carreras universitarias que tengan la finalidad de formar biólogos, físicos, economistas, matemáticos, contables, abogados, geólogos y antropólogos.

A eso se añade que, peligrosamente, si la situación sigue agudizándose será normal que los entristecidos adultos de hoy, que son muchísimos, les exhorten a los jóvenes a no acudir a una universidad a perder el tiempo ni a gastar enormes sumas de dinero para obtener unos títulos académicos que únicamente servirán para decorar paredes. Y eso ocasionará: (1) que el *nivel educativo* de la población puertorriqueña sea cada vez menor; y (2) que Puerto Rico tenga un fuerte rezago en ciencia, matemática y tecnología.

Siguiendo, en parte, con lo antes mencionado, debo mencionar que en Puerto Rico –al igual que en los Estados Unidos continentales– se está dando un fenómeno bastante inusual. Muchas personas pobres (que pertenecen a la clase baja, a la clase media-baja y a la clase media-media) que tienen hijos que están cursando –o a punto de cursar– estudios universitarios, sienten gran tristeza y preocupación cuando piensan sobre el futuro de sus hijos. Puesto que saben que, debido al colapso de la economía de Puerto Rico y a la falta de conexiones políticas, «no pueden suponer que sus hijos serán prósperos.»[clxxv]

Inclusive, hay progenitores que sienten gran dolor al ver que los enormes sacrificios que están realizando sus hijos universitarios, con el fin de educarse y superarse, no les serán de mucha ayuda. Puesto que, debido al colapso de la economía de Puerto Rico y al hecho de que no cuentan con *conexiones políticas*, existen altísimas probabilidades de que esos jóvenes permanezcan en la pobreza a pesar de sus ejemplares esfuerzos.

Por último, tengo que decir que me entristece tener que decir que el desánimo y la tristeza social que hay en Puerto Rico, debido a todo lo he que mencionado en esta sección, seguirá agudizándose. Digo eso ya que no se vislumbra una recuperación económica a corto plazo. Es más, se dice que esta maldita *gran depresión económica* será larga y dolorosa.

Y eso, querido lector, no es extraño. ¿Sabe por qué? Porque la economía de Puerto Rico está sumamente fastidiada. De hecho, si examinamos con mucho cuidado un análisis económico que realizó **Fitch Ratings** –en 2013– veremos que dice, en apretada síntesis, que «Puerto Rico se enfrenta a un problema de largo plazo sobre cómo crecer y diversificar su economía, aumentar el empleo y los niveles de participación de la fuerza laboral, aumentar la riqueza y el ingreso.»[clxxvi]

J. Mala alimentación

Todo el mundo sabe, gracias a un informe de la **Organización Internacional del Trabajo**, que «el deterioro del panorama laboral y social *afecta el* *crecimiento económico.*»[clxxvii] Pues bien, si analizamos lo que ocurre durante una gran depresión económica veremos que las personas: (1) suelen tener menos dinero; y (2) gastan menos dinero. Además, uno puede notar que los comercios se ven seriamente afectados por la severa baja en el consumo.

Sobre esto último, es necesario mencionar que la inmensa mayoría de los comercios dedicados a la venta de alimentos –tanto en Puerto Rico como en países que están atravesando por crisis y depresiones económicas– se afectan severamente durante las crisis y depresiones económicas, al punto de que sus dueños tienen que ver, con mucha tristeza, que sus finanzas crecen hacia el lado negativo.

Por eso no es raro ver, durante las crisis y depresiones económicas, que muchos comercios dedicados a la venta de alimentos: (1) cierren sus puertas; (2) disminuyan sus horarios de operación; y (3) despidan empleados.

Es preciso decir que, durante una gran depresión económica, la mayoría de los negocios de comida que se afectan son los restaurantes. Puesto que las personas, en aras de ahorrar lo más que puedan, deciden aumentar significativamente la compra de alimentos enlatados y duraderos.

Ahora bien, es curioso mencionar que –de todos los tipos de restaurantes que existen– algunos restaurantes dedicados a la venta de comidas chatarras y baratas suelen mantener sus finanzas en buen estado durante las *depresiones y crisis económicas.* Inclusive, hay cadenas de restaurantes de comidas chatarras y baratas que obtienen leves crecimientos económicos.

¿Y por qué ocurre eso? Eso ocurre por motivo de que, durante las depresiones y crisis económicas, las personas pobres se olvidan de las dietas saludables y buscan consumir alimentos grasosos y baratos que les mantengan satisfechos por largos periodos de tiempo.[clxxviii] A eso se añade que muchísimas personas, en aras de minimizar la utilización de gas y/o de energía eléctrica en sus hogares, entienden: (1) que la compra de «chatarra-alimentos» baratos y preparados les ayuda a ahorrar dinero; y (2) que comer en los salones de los restaurantes que venden «chatarra-alimentos» les ayuda a ahorrar dinero.

Y no se puede olvidar que los alimentos saludables, especialmente para muchas personas que tienen que lidiar con las disímiles presiones y desgracias de las depresiones económicas, son carísimos. Por eso es que para muchas personas, especialmente *para las pobres,* comer saludablemente se convierte en un lujo que no pueden pagar.[clxxix]

Lo dicho me ha hecho recordar un estudio que realizaron investigadores de la **Universidad de Washington,** en los Estados Unidos de América. Según los hallazgos de dicho estudio, que fueron dados a conocer en plena depresión económica, *cincuenta millones de estadounidenses* son tan pobres que no pueden comprar alimentos saludables y «toman decisiones alimentarias basadas en el costo.»[clxxx]

Habiendo dicho todo eso ahora tengo la obligación de mencionar que en Puerto Rico, debido a la gran depresión económica, muchos restaurantes han cerrado sus puertas. Por eso se puede decir que, para preocupación de los cocineros, ha habido un crecimiento económico negativo dentro de la industria gastronómica. Y la situación pudo haber sido peor si las cientos de miles de personas que están envueltas en la industria del narcotráfico, no estuvieran inyectando a la *narcoeconomía puertorriqueña* con el narcodinero.

Otro importante asunto que debo mencionar es que, en Puerto Rico, los supermercados también se han visto afectados por esta gran depresión económica. Digo eso ya que el pueblo de Puerto Rico, que entiende que la corrupción es una buena forma para obtener buenos trabajos, ha aumentado el consumo de alimentos enlatados y ha disminuido la compra de carnes y productos frescos. De hecho, ahora es normal que las carnes, los vegetales, los jugos y las frutas frescas sean comprados cuando estén en especial.

¿Y por qué ha aumentado la compra y el consumo de alimentos enlatados en Puerto Rico? Recuerde, en primer lugar: (1) que la mayoría de los *alimentos enlatados* son económicos y constantemente son puestos en especial; (2) que los alimentos frescos están carísimos; (3) que miles de personas han perdido sus trabajos; y (4) que el desempleo está sobre el veinte por ciento.[clxxxi]

Además, no se debe olvidar que cientos de miles de personas dependen –para poder sobrevivir– de los cupones para alimentos. Y dichas ayudas para comprar alimentos, que varían según las composiciones familiares, no son muy elevados. Por lo que las personas, mes a mes, tienen que ser comedidas a la hora de comprar sus alimentos.

Sobre la cantidad de personas que, durante esta gran depresión económica, reciben cupones para comprar alimentos, cabe mencionar que la pobreza ha aumentado tanto en Puerto Rico que, según datos del 2013, «1,339,849» personas reciben ayudas gubernamentales para poder comer.[clxxxii]

Habiendo llegado a este punto de la discusión no se puede más que concluir que los alimentos grasosos, azucarados y salados, al igual que los comercios dedicados a la venta de comidas preparadas, chatarras y baratas, son los que les están llenando las panzas a los habitantes de Puerto Rico durante esta gran depresión económica.

Y eso, querido lector, es un asunto triste y peligroso. Puesto que muchísimos habitantes de Puerto Rico, debido a esa chatarra alimentación para *meramente sobrevivir*, están físicamente enfermos. Por eso es que las tasas de diabetes, cáncer, alta presión, entre otras enfermedades relacionadas con la mala nutrición, son elevadísimas en Puerto Rico. Y por eso es que, además, el ejercicio de la medicina es –*y seguirá siendo*– un negocio altamente lucrativo en Puerto Rico.

Ahora bien, si uno sigue profundizando en lo que estamos discutiendo uno puede encontrar un asunto espantoso, a saber, que en la medida en que esta gran depresión económica se siga agudizando más personas recurrirán a la alimentación chatarra, que está por doquier, para poder sobrevivir. Lo que puede provocar que los años de vida del habitante de Puerto Rico, peligrosamente, disminuyan.

Dicho eso, sé que algunas personas pueden pensar que he exagerado. Pues bien, les recuerdo a esas personas que un estudio realizado por investigadores del *Longevity Science Advisory Panel,* ubicado en el Reino Unido, demostró que las personas ricas «viven por más tiempo que sus contrapartes con menores ingresos, principalmente porque los segundos tienen mayor predisposición a tener un estilo de vida menos saludable.»[clxxxiii]

III. Puerto Rico será un estercolero social

Habiendo llegado a este punto de la discusión es obvio que salta a la vista una pregunta, a saber, ¿cuál es el futuro de Puerto Rico? Puedo contestar dicha interrogante diciendo que Puerto Rico se convertirá, próximamente, en un pequeño, pobre y violento «mierda-país» en donde:

(1) el narcotráfico –*a menos que la venta de drogas ilegales se legalice*– se convertirá oficialmente en la principal industria;

(2) la inversión extranjera y nacional será escasa; y

(3) la utilización de conductas impropias relacionadas con la corrupción, el amiguismo y la partidocracia serán indispensables para obtener buenos empleos –que serán pocos– y contratos gubernamentales.

Y sobre eso de que el narcotráfico se convertirá –oficialmente– en la principal industria, debo mencionar que todo demuestra que eso está cerca de convertirse en una bochornosa realidad. Digo eso, en primer lugar, ya que la industria del narcotráfico es el mayor empleador en Puerto Rico. De hecho, actualmente hay más personas laborando en la industria del narcotráfico que en las tiendas *Walmart* de Puerto Rico. También dije lo anterior ya que, según datos del 2013, hoy en día el narcotráfico «es uno de los principales actores económicos. Y algunos economistas consideran que es uno de los principales empleadores.»[clxxxiv]

Sobre el asunto de que la inversión extranjera y nacional será mínima, debo mencionar que eso también está cerca de convertirse en una triste realidad. De hecho, durante los últimos trece años muchísimos *inversionistas extranjeros y estadounidenses* han decidido dejar de invertir en la depresiva y agobiante economía puertorriqueña.

Y eso, amigo lector, es un asunto que no debe sorprender. Puesto que es harto conocido, por lo menos para los que leen asuntos relacionados con la economía, que cuando los inversionistas extranjeros y estadounidenses «están pesimistas acerca del futuro de la economía, no invierten mucho.»[clxxxv]

Ahora bien, cabe preguntar por qué muchos inversionistas no quieren saber de invertir en el narcoestado de Puerto Rico. En primer lugar, los altos costos de las utilidades *(servicios de agua, alcantarillados y energía eléctrica)* y los innumerables impuestos que hay en Puerto Rico han ahuyentado a un sinnúmero de inversionistas y empresarios extranjeros y estadounidenses.

A eso se suma que, a nivel nacional y a nivel internacional, hay análisis financieros que les dejan saber a los empresarios e inversionistas que hay que tener cuidado a la hora de invertir dinero en Puerto Rico. ¿Sabe por qué? Porque Puerto Rico: (1) es un país tercer mundista; (2) es un lugar en donde las leyes laborales benefician demasiado a los obreros; (3) es un corrupto lugar en donde la política partidista no le brinda seguridad ni a las inversiones ni a los negocios; (4) es un país quebrado; y (5) «es uno de los lugares más costosos para operar un negocio.»[clxxxvi]

Lo acabado de mencionar me ha hecho recordar que, en agosto de 2013, analistas del **U.S. Bank Wealth Management** les manifestaron a sus «clientes que se mantengan lejos de Puerto Rico.»[clxxxvii] ¿Sabe por qué? Porque los potenciales inversionistas, por estar en quiebra el Gobierno de Puerto Rico, podían perder sus inversiones.

También recuerdo que la prestigiosa revista **Barron's,** «que circula entre los espacios más influyentes del panorama financiero de los Estados Unidos y el mundo», publicó –en 2013– un devastador análisis sobre la depresiva economía de Puerto Rico. En dicho análisis, los analistas de *Barron's* les recomendaron a los inversionistas a tener cuidado a la hora de invertir en el quebrado, costoso y violento albañal de Puerto Rico.

¿Sabe por qué? Porque «el monumental gasto del Gobierno, la masiva deuda gubernamental –que ya ronda los $53 mil millones– y la baja población» han provocado que la economía de Puerto Rico esté «al borde del precipicio» y cerca «de un desastre financiero.»[clxxxviii]

Dicho eso, tampoco se puede pasar por alto que los «altos índices de desempleo, criminalidad, miseria, censuras, drogadicción, alcoholismo y abuso de poder (...) convierten a Puerto Rico en un lugar sin atractivos para propiciar la inversión.»[clxxxix]

Y sobre el asunto de los altos índices de la criminalidad callejera, *que espantan a los inversionistas,* tengo que decir que muchos inversionistas y empresarios nacionales y extranjeros que hacen –o han pensado hacer– inversiones en Puerto Rico, piensan que Puerto Rico es un espantoso y peligroso lugar en donde pueden perder la vida a manos de sicarios y asesinos profesionales que sean contratados por inescrupulosos y mafiosos.

Digo eso ya que la comunidad financiera –tanto nacional como internacional– tembló cuando se enteró que, el 15 de junio de 2011, un millonario y respetado banquero – *llamado Maurice Spagnoletti–* que trabajaba en el Doral Bank fue asesinado por un asesino profesional mientras transitaba por una de las principales vías de Puerto Rico.[cxc]

A eso se suma que la comunidad empresarial también tembló cuando, el 22 de septiembre de 2005, se enteró que en el estercolero de Puerto

Rico: (1) es fácil contratar a un sicario; y (2) hay sicarios que están dispuestos a matar empresarios, inversionistas y comerciantes si se les ofrecen buenos billetes. Digo eso ya que, en la mencionada fecha, un asesino a sueldo mató a sangre fría a un empresario –*que era joven, millonario y canadiense*– llamado «Adam Joel Anhang Uster.»[cxci]

Por otro lado, no se puede pasar por alto que los inversionistas también saben que en muchos países se les ofrecen mejores garantías de pago y, sobre todo, mejores planes de inversión. Sin contar que hay un montón de países en donde abrir y operar empresas, entre ellas *empresas relacionadas con la manufactura*, es mucho más económico y seguro que en Puerto Rico. Por lo que sus ganancias, a diferencia de lo que ocurre en Puerto Rico, están cuasi aseguradas.

En fin, el asunto de la inversión extranjera está –y será– tan malo en Puerto Rico que uno de los modelos económicos que ha estado utilizando Puerto Rico, «basado en la competitividad y en atraer capital externo, se ha agotado.»[cxcii] Y eso ha sido, y sobre todo será, desastroso para Puerto Rico.

Digo eso ya que, como he estado indicando, «es imprescindible para el desarrollo de cualquier país la presencia y la inversión del capital extranjero.»[cxciii] Y en la medida en que vaya disminuyendo la *inversión extranjera y estadounidense*, Puerto Rico seguirá solidificándose en su posición de gigantesco gueto caribeño.

Sin contar que lo más que abundarán serán pequeños negocios, como todas esas tabernas de mala muerte y todos esos negocios que venden *comidas chatarras* desde pequeños arrastres ubicados en las polvorientas calles: (1) que no fomentarán la creación de buenos empleos; y (2) que no tienden a fomentar el crecimiento económico.

Y esto, querido lector, se torna más depresivo todavía. Puesto que el otro modelo económico utilizado en Puerto Rico, relacionado con la manufactura, colapsará por completo. Únicamente quedarán algunas *pequeñas empresas manufactureras produciendo y vendiendo* productos que, tristemente, no contribuirán al crecimiento económico.

Y tenga en cuenta que Puerto Rico ya está en ruta hacia ese tétrico panorama. Digo eso ya que «la manufactura, que fue el principal propulsor de la economía local durante la segunda mitad del siglo 20, ha ido reduciendo su presencia dentro de los procesos productivos de la Isla.»[cxciv]

Dicho eso, no puedo más que decir que Puerto Rico está en una triste situación. Recuerde que Puerto Rico, económicamente hablando, ya no tiene nada que ofrecerle al mundo. Ha «perdido ventajas competitivas» frente a otros países y, peor todavía, está perdiendo a sus mejores mentes.[cxcv]

A eso se suma que el escenario laboral está, por decir lo menos, hecho una mierda. La mayoría de los empleos que se crean, que son pocos, son de baja calidad y, para hacer las cosas más dramáticas, el salario promedio del trabajador puertorriqueño está por debajo de los salarios que ganan los vendedores de drogas al detal.

Así, por ejemplo, mientras el trabajador puertorriqueño gana su sueldito, el salario promedio de un tirador (vendedor) de drogas al detal está entre cincuenta a ochenta dólares la hora.[cxcvi] Y eso demuestra las razones por las cuales muchas personas, en el estercolero de Puerto Rico, piensan que es mejor ser un *vendedor de drogas ilegales al detal* que un esclavizado trabajador regular devengando un salario de hambre que lo único que brinda son angustias, estreses y necesidades.

Otro depresivo asunto sobre el estercolero de Puerto Rico, que será un asunto permanente, es que la norma será bajar de clase social. Así, por ejemplo, una persona que nazca dentro de una familia de clase media-media tendrá, tristemente, mayores probabilidades de bajar a la *clase media-baja* que subir a la *clase media-alta*. Y aunque eso será así en el futuro, la realidad es que está gran depresión económica ha provocado que la mayoría de la población de Puerto Rico haya «decrecido escalafones en la escala social...».[cxcvii]

De hecho, eso me hace recordar que el ingreso per cápita en Puerto Rico, en una ocasión, estaba sobre los dieciocho mil dólares. Ahora, «el ingreso per cápita en Puerto Rico es de US$15.203 anual. Esto no representa ni la mitad de Misisipí, que es *el estado más pobre* en Estados Unidos.»[cxcviii] Por eso estoy de acuerdo con el **Centro para la**

Nueva Economía cuando dice, en lo pertinente, que «la clase media que se creó en Puerto Rico (...) parece destinada a desaparecer.»[cxcix]

Y tenga en cuenta, querido lector, que cuando la pequeña clase media desaparezca, que eso está a la vuelta de la esquina, Puerto Rico se convertirá en «tierra de ricos (…) donde sólo los ricos disfrutarán y podrán satisfacer las necesidades natas.» Por eso será, además de deprimente, normal poder observar «que un trabajador puertorriqueño, que se sacrifica cada día, tenga que limitarse a comprar pequeñas porciones porque el dinero *no le da ni pa' empezar.*»[cc]

Debo mencionar, por otro lado, que la falta de trabajo será, para tristeza de los titulados, un asunto permanente en Puerto Rico. Y eso llegará al punto de que Puerto Rico se convertirá en un lugar en donde no habrá, ni para los titulados con doctorados, certeza de trabajo.

Es indudable que eso será, además de triste, contraproducente. Digo eso ya que todo el mundo sabe que la certeza de trabajo, además de ser un asunto bueno, «contribuye significativamente al progreso económico.»[cci] Sin embargo, si no hay certeza de trabajo: (1) el progreso económico de un país se dificulta enormemente; y (2) la calidad de vida se deteriora significativamente.

Ello, en primer lugar, porque los jóvenes entenderán que no vale la pena gastar tiempo, energía y dinero en estudios universitarios. Mientras que los jóvenes que decidan estudiar, desde sus primeros días en *las universidades*, estarán pensando en emigrar, una vez culminen sus estudios, hacia los Estados Unidos continentales, Canadá, Noruega, entre otros países en donde la calidad de vida sea mejor.

El asunto negativo y peligroso sobre eso, que repercute significativamente sobre el crecimiento económico y la calidad de vida, es que al haber menos gente educada en Puerto Rico aumentará la gente desinformada, prejuiciada, consumista, idiota e intelectualmente superficial. Además, habrá pocos expertos que estén al día sobre los asuntos más importantes relacionados con *la ciencia y la tecnología*. Y eso, indudablemente, dificultará que Puerto Rico pueda estar a la vanguardia de los tiempos.

No se puede olvidar, además, que si no hay certeza de empleo dentro de un país, eso significa que la tasa de desempleo será altísima. Y si hay una tasa de desempleo altísima eso significa que, peligrosamente, habrá menos gente estudiando, leyendo, escribiendo, pensando y, sobre todo, criticando las imbecilidades humanas. Y no olvidemos, además, que «un alto nivel de desempleo es totalmente *destructivo y económicamente ineficiente,* ya que los recursos humanos permanecen ociosos.»[ccii]

Por último, creo que no todo ha sido negativo. Dentro de toda esta historia de terror y angustia, que durará un montón de años más, usted podrá encontrar habitantes de Puerto Rico que han aprendido que el capitalismo es, por decir lo menos, una mierda. Digo eso ya que esas personas, a diferencia de lo que dicen los manipulados libros de economía y política, han aprendido que el capitalismo es un corrupto sistema en donde «los que más tienen más ganan y los que menos tienen menos ganan.»[cciii]

También se han dado cuenta de que el sistema capitalista, durante las crisis y depresiones económicas, se convierte en un sistema de protección de ricos. Digo eso ya que durante las crisis y depresiones económicas, especialmente en los países capitalistas, uno puede ver que «los que más tienen pierden mucho menos y los que menos tienen pierden muchísimo más.»[cciv]

Capítulo tres
Frases y pensamientos

I. Frases y pensamientos del autor

1.

Durante las depresiones económicas, las oportunidades de obtener *buenas ganancias económicas* disminuyen considerablemente. Pues bien, durante esos tiempos es normal que las personas que tengan dinero y conexiones políticas aumenten sus donativos políticos con el fin de que ellas y/o sus familiares, sin importarles las doctrinas sobre la *justa competencia y el principio de mérito*, obtengan buenos empleos y/o jugosos contratos con el Gobierno.

2.

Los pueblos se merecen los banqueros que tienen. Por consiguiente, si dentro de un país se produce una depresión o una crisis económica por culpa de las ambiciosas, irresponsables y egoístas prácticas de los banqueros, eso significa que dichos banqueros no han hecho más que actuar según los *ambiciosos, irresponsables y egoístas* comportamientos que demuestran los ciudadanos durante sus interacciones diarias.

3.

Mientras usted protesta en contra de los banqueros, *dichos banqueros* fuman cigarros mientras conversan con los políticos más poderosos.

4.

Es tonto, en los Estados Unidos de América, protestar en contra de las malas acciones ejecutadas por los bancos. Puesto que la mayoría de los banqueros más adinerados y poderosos son miembros de una exclusiva y poderosa élite que controla la política, el Derecho y la economía estadounidense. Inclusive, *el presidente de los Estados Unidos de América* consulta con dichos banqueros antes de tomar un sinnúmero de acciones oficiales.

5.

¿Sabe por qué en Puerto Rico hay muchas personas que se oponen a la legalización de las drogas? Por motivo de que hay cientos de miles de personas que, *directa e indirectamente*, se benefician de dicho tráfico ilegal.

6.

Abogado que se opone a la legalización de las drogas callejeras, abogado que se beneficia – seguramente– de la narcoeconomía.

7.

Los banqueros prefieren, sabiamente, el egoísmo a la caridad.

8.

Para los dueños de los bancos más poderosos del mundo, usted vale menos que la basura. Puesto que la basura, por medio de los empresarios de la basura, se ha convertido en un buen negocio.

9.

Todos los trabajadores que, mes a mes, pagan sus hipotecas, no son más que siervos de los banqueros más poderosos.

10.

Las hipotecas y los préstamos estudiantes, son parte de esa larga y fuerte cadena que han utilizado los adinerados esclavizadores para amarrar a sus siervos.

11.

Para los *banqueros más adinerados y poderosos,* Estado Unidos de América es de los bancos, para los bancos y po los bancos.

12.

Los cabilderos que trabajan para los bancos y la multinacionales más poderosas y ricas, tienen más pode que muchos legisladores.

13.

Un poderoso y rico cabildero que trabaje para lo bancos y/o las multinacionales más poderosas y ricas, tien más poder de convencimiento que un millón de muertos d hambre que protesten frente a la sede del Poder Legislativo.

14.

El Derecho está, y siempre estará, al servicio de lo bancos y de las multinacionales más ricas y poderosas.

15.

La función principal de un *gobernante,* particularment si gobierna un país capitalista y consumista, es mantene contentos: (a) a los banqueros; y (b) a los inversionistas. L felicidad del populacho es, indiscutiblemente, un asunto secundario.

16.

La verdadera capital de los Estados Unidos d América es Wall Street, Nueva York. Y el verdader presidente de los Estados Unidos de América es obviamente, *una poderosa élite* compuesta por los banqueros inversionistas y empresarios más poderosos y ricos.

17.

Eso de que Estados Unidos de América es una democracia es, por decir lo menos, un rumor que han hecho correr los banqueros y empresarios más ricos y poderosos. A los fines de ocultar el hecho de que Estados Unidos de América no es más que una plutocracia que, entre otras perversidades, utiliza tácticas fascistas para proteger los intereses de los banqueros y empresarios más poderosos.

18.

Los bancos y las multinacionales gobiernan el mundo, y los ciudadanos gobiernan sus propias nalgas.

19.

El corazón de un gobernante, si quiere tener un país *próspero y esclavizado*, debe estar con los bancos y las multinacionales más poderosas y ricas.

20.

Sólo los grandes banqueros, inversionistas y empresarios tienen el privilegio de ver a los presidentes, reyes y gobernadores hincados mientras piden dinero.

21.

El hombre del siglo XXI, ha nacido para ser siervo de los banqueros y empresarios más poderosos y ricos del mundo.

22.

Los grandes bancos, como esos que están alojados en enormes, costosos y lujosos edificios, fueron construidos para dejarle saber al populacho quiénes son los verdaderos gobernantes.

23.

La casa de un estadounidense que pertenece a una de las clases trabajadoras, es un corral de puercos para los banqueros y empresarios más poderosos.

24.

El ser humano del siglo XXI ha nacido para estar sometido a una plutocracia.

25.

La realidad del asunto es que, simple y llanamente, los funcionarios públicos que laboran en las altas esferas del Gobierno de su país prefieren, entre otros asuntos, que usted —al igual que la madre que le parió— muera antes de que muera uno de sus mejores inversionistas.

26.

El hombre del siglo XXI, particularmente si ha nacido en uno de los países desarrollados, ha nacido para destruir el ambiente y, sobre todo, para convertirse en un empedernido consumista.

27.

Me alegra saber que el ser humano será el causante de su propia extinción. Y eso me alegra ya que, tan pronto el ser humano desaparezca, este pequeño planeta volverá a ser un pequeño e insignificante paraíso galáctico en donde volverá a reinar el justo balance de la naturaleza.

28.

Si los jefes del *Departamento del Trabajo de Puerto Rico* tuvieran que realizar juramentos sobre la veracidad de las estadísticas que publican mensualmente sobre las tasas del desempleo, seguramente terminarían presos por embusteros. Digo eso ya que las mencionadas estadísticas, como saben los mencionados funcionarios, están bien alejadas de la realidad.

29.

Si usted es puertorriqueño y piensa criticar a los narcotraficantes, particularmente a los más adinerados, no olvide que esos delincuentes fueron los que mantuvieron a flote la frágil economía de Puerto Rico durante la gran depresión económica del siglo XXI.

30.

Durante esta gran depresión económica, que ha estado acompañada por una gran depresión laboral, en Puerto Rico se ha dado el fenómeno de que es más fácil conseguir un trabajo dentro de la *industria del narcotráfico*, particularmente como tirador (vendedor) de drogas y como vigilante de puntos de drogas, que dentro de la empresa privada.

31.

Una buena evidencia que demuestra que Puerto Rico es un estercolero social es que, por increíble que parezca, el pueblo gasta más dinero en la compra de drogas ilegales y callejeras (cocaína, marihuana, crack y heroína) que en libros.

32.

Si usted adora la corrupción, como es la *utilización de amiguismos, sobornos y/o conexiones políticas* para obtener fabulosos contratos gubernamentales y/o un buen empleo, sepa que Puerto Rico se ha convertido en un lugar perfecto para que usted pueda vivir y superarse. Digo eso ya que en Puerto Rico, para beneficio de los corruptos, el éxito está fuertemente ligado a la corrupción.

33.

Mientras usted, bajo una fuerte vigilancia policial, protesta por la enorme desigualdad socioeconómica que hay en su país, los billonarios duermen plácidamente en sus cómodas camas. Por consiguiente, no pierda su tiempo.

34.

Es fantasioso pensar que a los banqueros de Puerto Rico, que se benefician del narcodinero, les preocupe el hecho de que miles de niños hayan quedado en las calles debido a que sus progenitores, debido a los estragos de la gran depresión económica del siglo XXI, perdieron sus hogares.

35.

Creer que el sistema de justicia criminal será, al igual que hace con los criminales que vienen de hogares pobres y marginados, duro con todos los *banqueros, tasadores y empresarios* que provocaron la depresión económica de los Estados Unidos de América es, por decir lo menos, tan absurdo como creer en la existencia de elefantes voladores.

36.

El sistema capitalista está hecho para que, mientras se arrestan a los defraudadores de poca monta, los banqueros más prominentes puedan crear unos esquemas fraudulentos que, luego de ser analizados e implementados, estarán protegidos por el Derecho.

37.

El capitalismo es un sistema tan formidable que, increíblemente, está hecho para que los explotados pobres no se sientan mal por el hecho de haberse convertido, al llegar a la adultez, en unos *empobrecidos y esclavizados* siervos de los banqueros más poderosos.

38.

Otra buena evidencia que demuestra que Puerto Rico es una *pocilga social y económica* es que, incomprensiblemente, el pueblo gasta más dinero en la compra de productos de belleza que en la compra de libros y revistas especializadas.

39.

No se puede esperar mucho de un país en donde la gente, imbécilmente, gasta más dinero en diversión que en libros. Por consiguiente, es fantasioso tener la esperanza de que Puerto Rico se convierta en un extraordinario lugar para vivir y, sobre todo, para perseguir la autorrealización.

40.

La inmensa mayoría de los puertorriqueños que viven en Puerto Rico son impresionables, egoístas, interesados, hipócritas, sínicos y, sobre todo, apoyadores de conductas impropias. A eso se suma que son viciosos, enemigos de la inteligencia y chismosos.

41.

Si usted tiene un perro y un amigo (humano) puertorriqueño, lamento tener que decirle que es más probable que el puertorriqueño termine traicionándole.

42.

Los puertorriqueños del siglo XXI, por lo menos la mayoría, han nacido para ser tramposos, pobres y enemigos del mérito.

42(a).

Desde hace bastante tiempo, particularmente desde mediados del siglo XX, que la palabra "puertorriqueñidad" encierra asuntos negativos y bochornosos.

43.

Los puertorriqueños que viven en Puerto Rico se jactan de ser personas inteligentes, honradas y morales. Pero, si uno analiza la historia moderna de Puerto Rico se tiene que llegar a la conclusión de que *los puertorriqueños*, especialmente los que tienen –y han tenido– una fuerte exposición en los medios de prensa, no son más que unos buenos para nada. Digo eso ya que los habitantes del estercolero de Puerto Rico, a pesar de haber recibido *billones de dólares en ayudas gubernamentales* provenientes de los Estados Unidos de América, han construido un «mierda-país» en donde, entre otros males, la corrupción, la hipocresía, la pobreza, el consumismo, la violencia y el cinismo son parte de la vida diaria del puertorriqueño.

44.

Todo habitante de Puerto Rico sabe que el escudo oficial de Puerto Rico tiene, entre otros detalles, un cordero. Pues bien, creo que ese cordero debería ser eliminado del escudo oficial ya que no guarda ninguna relación con el violento y destructivo pueblo puertorriqueño. ¿Y qué debería colocarse? Debería colocarse, en aras de reflejar la cruda realidad de Puerto Rico, un rifle AK-47 y un paquete que sea parecido a un kilo de cocaína. Además, por algún lado del escudo debería colocarse la imagen de un cuerpo ensangrentado tirado en la calle. *¡Eso sería pura puertorriqueñidad!*

Referencias

i Luisa García Pelatti. (2012). **Una depresión económica borinqueña**. San Juan, Puerto Rico.: *Sin Comillas*. Información consultada el 23 de marzo de 2013, de http://sincomillas.com/2012/05/una-depresion-economica-borinquena/.

ii Bary, A. (2013) **¿Puerto Rico podría ser el próximo Detroit?** Nueva York, EE. UU.: *The Wall Street Journal*. Información consultada el 28 de agosto de 2013, de http://online.wsj.com/public/page/espanol-inicio.html.

iii Belén Escudero. **Menos sexo y de peor calidad en España**. (2012). Guaynabo, Puerto Rico.: *El Nuevo Día*. [Versión electrónica].

iv Sara M. Justicia Doll. **Históricamente estigmatizado el trabajo sexual**. (2010, febrero). Guaynabo, Puerto Rico.: *Primera Hora*. [Versión electrónica].

v Eduardo Andrade. (2008). **La crisis económica y Puerto Rico**. San Juan, Puerto Rico. *Universidad de Puerto Rico, Diálogo*. Información consultada el 28 de diciembre de 2012, http://www.dialogodigital.com/.

vi **Los 80 millones de empleos perdidos**. (2011). Argentina, Latinoamérica.: *Página 12*. Información consultada el 22 de diciembre de 2012, de http://www.pagina12.com.ar/.

vii Rafael Martínez Mendoza. (2011). **Crisis económica, familia y salud mental**. Guaynabo, Puerto Rico.: *El Nuevo Día*. [Versión electrónica].

viii Steven Reinberg. **Aumentan los suicidios en medio de la depresión económica de EE. UU.** (2012). Los Ángeles, California.: *Univision Communications Inc*. Recuperado el 12 de septiembre de 2013, de http://www.univision.com/.

ix Marcelo Justo. **Chipre, la nueva pesadilla de los ahorristas**. (2013). Londres, Reino Unido.: *British Broadcasting Corporation (BBC)*. Recuperado el 30 de diciembre de 2013, de http://news.bbc.co.uk/hi/spanish/news/.

x Marian Díaz. **Urge otro tipo de empleo**. (2013). Guaynabo, Puerto Rico.: *El Nuevo Día*. Recuperado el 30 de agosto de 2013, de http://www.elnuevodia.com/.

xi Marian Díaz. **Urge otro tipo de empleo**. (2013). Guaynabo, Puerto Rico.: *El Nuevo Día*. Recuperado el 30 de agosto de 2013, de http://www.elnuevodia.com/.

xii Sean Coughlan. **EE.UU.: el ascenso social va en descenso**. (2012). Londres, Reino Unido.: *British Broadcasting Corporation (BBC)*. Recuperado el 30 de diciembre de 2012, de http://news.bbc.co.uk/hi/spanish/news/.

xiii **El Gran Libro de las Citas y Frases Célebres**. (2004). Distrito Federal, México.: *Grupo Editorial Diana*, pág.420.

xiv Gustavo Vélez. **En búsqueda de un norte económico**. (2012). Guaynabo, Puerto Rico.: *El Nuevo Día*. [Versión electrónica].

xv Marian Díaz. **Urge otro tipo de empleo**. (2013). Guaynabo, Puerto Rico.: *El Nuevo Día*. Recuperado el 30 de agosto de 2013, de http://www.elnuevodia.com/.

xvi **El futuro de Puerto Rico y su deteriorada economía**. (2012). Londres, Reino Unido.: *British Broadcasting Corporation (BBC)*. Recuperado el 30 de diciembre de 2012, de http://news.bbc.co.uk/hi/spanish/news/.

xvii Gustavo Vélez. **La década perdida**. (2012). Guaynabo, Puerto Rico.: *El Nuevo Día*. [Versión electrónica].

xviii Véanse las palabras de William Cobbett, en: Señor, L. (2000). **Diccionario de Citas**. (2a.ed.). Madrid, España.: *Editorial Espasa-Calpe*, pág. 445.

xix Aspe, P. (2009). **Los orígenes de la crisis**. Atlanta, EUA.: *CNN Expansión*. Consultado el 23 de agosto de 2013, de http://www.cnnexpansion.com/economia/2009/02/06/los-origenes-de-la-crisis.

xx **Las claves de la compleja crisis en Chipre**. (2013). Londres, Reino Unido.: *British Broadcasting Corporation (BBC)*. Recuperado el 30 de agosto de 2013, de http://news.bbc.co.uk/hi/spanish/news/.

xxiAspe, P. (2009). **Los orígenes de la crisis**. Atlanta, EUA.: *CNN Expansión.* Consultado el 23 de agosto de 2013, de http://www.cnnexpansion.com/economia/2009/02/06/los-origenes-de-la-crisis.

xxiiPuerto Rico está pasando por el mismo proceso que Grecia. (2013). San Juan, Puerto Rico.: *Noticel.* Información consultada el 29 de julio de 2013, de http://www.noticel.com/; Luis Alberto Ferré Rangel. **Hacia una economía sustentable y solidaria.** (2012). Guaynabo, Puerto Rico.: *El Nuevo Día.* [Versión electrónica].

xxiiiSandra D. Rodríguez Cotto. **La inflación nos lleva al gueto.** (2013). San Juan, Puerto Rico.: *El Vocero de Puerto Rico.* [Versión electrónica].

xxivBruno Pérez & Pablo Gutiérrez Martín. **El paro en España alcanza las 6.207.700 personas.** (2013). España, Unión Europea.: *La Información.* Información consultada el 23 de agosto de 2013, de http://noticias.lainformacion.com/. Léase, además: **La maldición de los 6 millones de parados: España arrastrará esa carga hasta 2015.** (2013). España, Unión Europea.: *La Información.* Información consultada el 23 de agosto de 2013, de http://noticias.lainformacion.com/.

xxvGrecia, 'en venta'. (2011). Londres, Reino Unido.: *British Broadcasting Corporation (BBC).* Recuperado el 30 de diciembre de 2011, de http://news.bbc.co.uk/hi/spanish/news/.

xxviChipre: protestas frente al Parlamento. (2013). Londres, Reino Unido.: *British Broadcasting Corporation (BBC).* Recuperado el 30 de agosto de 2013, de http://news.bbc.co.uk/hi/spanish/news/; Marcelo Justo. **Chipre, la nueva pesadilla de los ahorristas.** (2013). Londres, Reino Unido.: *British Broadcasting Corporation (BBC).* Recuperado el 30 de agosto de 2013, de http://news.bbc.co.uk/hi/spanish/news/; **Bancos chipriotas limitan el importe de retirada en cajeros.** (2013). Londres, Reino Unido.: *British Broadcasting Corporation (BBC).* Recuperado el 30 de agosto de 2013, de http://news.bbc.co.uk/hi/spanish/news/.

xxviiEditorial. (2013). **Sembradores de miedo.** Madrid, España.: *El País.* Consultado el 30 de agosto de 2013, de http://www.elpais.com/; Sánchez, M. (2013). **Los chipriotas solo podrán sacar 300 euros en metálico al día.** Madrid, España.: *El País.* Consultado el 30 de agosto de 2013, de http://www.elpais.com/.

xxviiiBancos chipriotas limitan el importe de retirada en cajeros. (2013). Londres, Reino Unido.: *British Broadcasting Corporation (BBC).* Recuperado el 30 de agosto de 2013, de http://news.bbc.co.uk/hi/spanish/news/.

xxixChipre: protestas frente al Parlamento. (2013). Londres, Reino Unido.: *British Broadcasting Corporation (BBC).* Recuperado el 30 de agosto de 2013, de http://news.bbc.co.uk/hi/spanish/news/. Léase, además: Robert Plummer. **Qué puede aprender Chipre de América Latina.** (2013). Londres, Reino Unido.: *British Broadcasting Corporation (BBC).* Recuperado el 30 de agosto de 2013, de http://news.bbc.co.uk/.

xxxTom Geoghegan. **Seis ideas para no terminar como Detroit.** (2013). Londres, Reino Unido.: *British Broadcasting Corporation (BBC).* Recuperado el 30 de agosto de 2013, de http://news.bbc.co.uk/hi/spanish/news/; Opelka, M. (2013). **How did one of America's great cities crash?** Nueva York, EE. UU.: *The Blaze.* Información consultada el 30 de julio de 2013, de http://www.theblaze.com/stories/2013/07/22/detroit-how-did-one-of-americas-great-cities-crash/.

xxxiTom Geoghegan. **Seis ideas para no terminar como Detroit.** (2013). Londres, Reino Unido.: *British Broadcasting Corporation (BBC).* Recuperado el 30 de agosto de 2013, de http://news.bbc.co.uk/hi/spanish/news/.

xxxiiLuisa García Pelatti. (2012). **Una depresión económica borinqueña.** San Juan, Puerto Rico.: *Sin Comillas.* Información consultada el 23 de marzo de 2013, de http://sincomillas.com/2012/05/una-depresion-economica-borinquena/.

xxxiiiFernández-Sánchez, P. (2013). **Depresión económica.** *Expansión.* Información consultada el 30 de agosto de 2013, de http://www.expansion.com/diccionario-economico/depresion-economica.html.

xxxivSean Coughlan. **EE.UU.: el ascenso social va en descenso.** (2012). Londres, Reino Unido.: *British Broadcasting Corporation (BBC).* Recuperado el 30 de diciembre de 2012, de http://news.bbc.co.uk/hi/spanish/news/.

xxxvAspe, P. (2009). **Los orígenes de la crisis.** Atlanta, EUA.: *CNN Expansión.* Consultado el 23 de agosto de 2013, de http://www.cnnexpansion.com/economia/. Léase, además: **La crisis económica explicada para tus alumnos.** (2011). Chile, Latinoamérica.: *Educar Chile.* Información consultada el 23 de agosto de 2013, http://www.educarchile.cl/Portal.Base/Web/VerContenido.aspx?ID=189640.

xxxviSean Coughlan. **EE.UU.: el ascenso social va en descenso.** (2012). Londres, Reino Unido.: *British Broadcasting Corporation (BBC).* Recuperado el 30 de diciembre de 2012, de http://news.bbc.co.uk/hi/spanish/news/.

xxxviiPaul Krugman. **La tercera depresión.** (2010). Bogotá, República de Colombia.: *El Espectador.* Consultado el 28 de agosto de 2013, de http://www.elespectador.com/.

xxxviiiLaw Job Stagnation May Have Started Before the Recession—And It May Be a Sign of Lasting Chang. (2011). Chicago, IL.: *American Bar Association Journal.* Información consultada el 20 de diciembre de 2011, de http://www.abajournal.com/.

xxxixMendoza, M.G. & Napoli, V. (1990). **Sociedad y cultura contemporánea.** Bogotá, Colombia. *Editorial Mcgraw-Hill,* pág.159 {ISBN: 958-600-103-2}.

xlFernández-Sánchez, P. (2013). **Depresión económica.** *Expansión.* Información consultada el 28 de agosto de 2013, de http://www.expansion.com/diccionario-economico/depresion-economica.html.

xliVea las palabras de Ronald Reagan, en: **El Gran Libro de las Citas y Frases Célebres.** (2004). Distrito Federal, México.: *Grupo Editorial Diana,* pág.413.

xliiTom Geoghegan. **Las peores recesiones de la historia.** (2012). Londres, Reino Unido.: *British Broadcasting Corporation (BBC).* Recuperado el 30 de agosto de 2012, de http://news.bbc.co.uk/hi/spanish/news/.

xliiiTom Geoghegan. **Las peores recesiones de la historia.** (2012). Londres, Reino Unido.: *British Broadcasting Corporation (BBC).* Recuperado el 30 de agosto de 2012, de http://news.bbc.co.uk/hi/spanish/news/.

xlivSergio M. Marxuach. (2010) **¿Recesión, Depresión o Colapso?** San Juan, Puerto Rico.: *The Center for a New Economy.* Información consultada el 23 de diciembre de 2012, de http://grupocne.org/.

xlvExposición de Motivos de la **Ley de Puerto Rico Núm. 3 del año 2013.**

xlviExposición de Motivos de la **Ley de Puerto Rico Núm. 3 del año 2013.**

xlviiJosé A. Delgado. **Más pobres y más PAN en la Isla.** (2012). Guaynabo, Puerto Rico.: *El Nuevo Día.* [Versión electrónica]; Luis Alberto Ferré Rangel. **Hacia una economía sustentable y solidaria.** (2012). Guaynabo, Puerto Rico.: *El Nuevo Día.* [Versión electrónica]; **Puerto Rico está pasando por el mismo proceso que Grecia.** (2013). San Juan, Puerto Rico.: *Noticel.* Información consultada el 29 de julio de 2013, de http://www.noticel.com/.

xlviiiPuerto Rico está pasando por el mismo proceso que Grecia. (2013). San Juan, Puerto Rico.: *Noticel.* Información consultada el 29 de julio de 2013, de http://www.noticel.com/.

xlixBrunymarie Velázquez. **Si no mejora la economía no baja el crimen.** (2012). Guaynabo, Puerto Rico.: *El Nuevo Día.* [Versión electrónica].

lSergio M. Marxuach. (2010) **¿Recesión, Depresión o Colapso?** San Juan, Puerto Rico.: *The Center for a New Economy.* Información consultada el 23 de diciembre de 2012, de http://grupocne.org/.

liLey 7 fue adversa para la economía. (2011). Guaynabo, Puerto Rico.: *Primera Hora.* [Versión electrónica].

liiEn disputa la declaración de depresión económica. (2009). Guaynabo, Puerto Rico.: *Primera Hora.* [Versión electrónica].

liiiJosé I. Alameda Lozada. (2013) **¿Estamos en el umbral de una recuperación económica?** San Juan, Puerto Rico.: *Sin Comillas.* Información consultada el 30 de agosto

Ismael Leandry-Vega 129

de 2013, de http://sincomillas.com/%C2%BFestamos-en-el-umbral-de-una-recuperacion-economica/.

[liv]**Puerto Rico cae de puesto en renglón de competitividad turística**. (2013). San Juan, Puerto Rico.: *Noticel.* Consultado el 29 de agosto de 2013, de http://www.noticel.com/.

[lv]Luisa García Pelatti. **Turismo: un sector que tampoco crece**. (2013). San Juan, Puerto Rico.: *Noticel.* Consultado el 29 de agosto de 2013, de http://www.noticel.com/.

[lvi]Luisa García Pelatti. **Turismo: un sector que tampoco crece**. (2013). San Juan, Puerto Rico.: *Noticel.* Consultada el 29 de agosto de 2013, de http://www.noticel.com/.

[lvii]**Fitch lleva crédito de PR a un paso de la chatarra**. (2013). San Juan, Puerto Rico.: *Noticel.* Información consultada el 29 de abril de 2013, de http://www.noticel.com/.

[lviii]**Hemos llegado al final del camino asegura economista tras degradación de Standard & Poor's**. (2013). Caguas, Puerto Rico.: *Metro.* Información consultada el 25 de abril de 2013, de http://www.metro.pr/. Léase, además: **Degradan deuda a un paso del nivel chatarra**. (2013). San Juan, Puerto Rico.: *El Vocero de Puerto Rico.* [Versión electrónica].

[lix]Carlos Antonio Otero. **Chatarra la deuda de la UPR según Moody's**. (2012). San Juan, Puerto Rico.: *El Vocero de Puerto Rico.* [Versión electrónica].

[lx]Joanisabel González. **Moody's degrada la clasificación crediticia de Puerto Rico**. (2012). Guaynabo, Puerto Rico.: *El Nuevo Día.* [Versión electrónica].

[lxi]**El futuro de Puerto Rico y su deteriorada economía**. (2012). Londres, Reino Unido.: *British Broadcasting Corporation (BBC).* Recuperado el 30 de diciembre de 2012, de http://news.bbc.co.uk/hi/spanish/news/.

[lxii]**USA Today destaca fuga de profesionales de Puerto Rico**. (2012). Guaynabo, Puerto Rico.: *Primera Hora.* [Versión electrónica].

[lxiii]Frances Rosario. **Nocivo el éxodo de profesionales a juicio de Fortuño**. (2006, 1 de junio). Guaynabo, Puerto Rico.: *El Nuevo Día.* Recuperado el 1 de junio de 2006, de http://www.endi.com/.

[lxiv]Frances Rosario. **Nocivo el éxodo de profesionales a juicio de Fortuño**. (2006, 1 de junio). Guaynabo, Puerto Rico.: *El Nuevo Día.* Recuperado el 1 de junio de 2006, de http://www.endi.com/.

[lxv]Rafael Lama Bonilla. (2006). **Ferrero cierra su fábrica en la Isla**. Guaynabo, Puerto Rico.: *El Nuevo Día.* Recuperado el 12 de mayo de 2006, de http://www.endi.com/.

[lxvi]Martha Quiñones. (2009, abril). **La violencia destruye la economía**. *El Vocero de Puerto Rico.* San Juan, Puerto Rico. [Versión electrónica]. Léase, además: **El Caribe perderá inversión extranjera si no da la vuelta a imagen violenta**. (2009, febrero). *Primera Hora.* Guaynabo, Puerto Rico. [Versión electrónica].

[lxvii]Ely Acevedo Denis. **Más allá del disparo: economía enredada en la criminalidad**. (2012). San Juan, Puerto Rico.: *Noticel.* Información consultada el 29 de diciembre de 2012, de http://www.noticel.com/.

[lxviii]Ely Acevedo Denis. **Más allá del disparo: economía enredada en la criminalidad**. (2012). San Juan, Puerto Rico.: *Noticel.* Información consultada el 29 de diciembre de 2012, de http://www.noticel.com/.

[lxix]**García Padilla: crimen y la violación de derechos afectan la imagen de Puerto Rico**. (2013). Guaynabo, Puerto Rico.: *El Nuevo Día.* [Versión electrónica].

[lxx]Fonseca. J. (2013). **Cuponeros Millonarios Contraatacan (Parte I)**. Guaynabo, Puerto Rico.: *Primera Hora.* [Versión electrónica].

[lxxi]Yaritza Santiago Caraballo. **Panorama desalentador por las contrataciones de amigos**. (2012). Guaynabo, Puerto Rico.: *El Nuevo Día.* Recuperado el 30 de diciembre de 2012, de http://www.elnuevodia.com/.

[lxxii]Yaritza Santiago Caraballo. **Panorama desalentador por las contrataciones de amigos**. (2012). Guaynabo, Puerto Rico.: *El Nuevo Día.* Recuperado el 30 de diciembre de 2012, de http://www.elnuevodia.com/.

[lxxiii]Fonseca. J. (2013). **Cuponeros Millonarios Contraatacan (Parte I)**. Guaynabo, Puerto Rico.: *Primera Hora.* [Versión electrónica]. Léase, además: Oscar J. Serrano.

Muchos los padrinos en el negocio de seguros públicos de Hacienda. (2013). San Juan, Puerto Rico.: *Noticel.* Información consultada el 29 de agosto de 2013, de http://www.noticel.com/; **Vega Borges otorga enorme contrato a Edwin Mundo.** (2013). Caguas, Puerto Rico.: *Metro.* Información consultada el 25 de agosto de 2013, de http://www.metro.pr/.

lxxivCarlos Reyes Dávila. (2012). **Implicado Fortuño en fraude del Gasoducto.** San Juan, Puerto Rico.: *Claridad.* Información consultada el 29 de agosto de 2013, de http://claridadpuertorico.com/.

lxxvComo explica el Dr. José Alameda, economista y catedrático de la Universidad de Puerto Rico, en: Marian Díaz. **Urge otro tipo de empleo.** (2013). Guaynabo, Puerto Rico.: *El Nuevo Día.* Recuperado el 9 de agosto de 2013, de http://www.elnuevodia.com/.

lxxviEduardo Andrade. (2008). **La crisis económica y Puerto Rico.** San Juan, Puerto Rico. *Universidad de Puerto Rico, Diálogo.* Información consultada el 28 de diciembre de 2012, http://www.dialogodigital.com/.

lxxviiEduardo Andrade. (2008). **La crisis económica y Puerto Rico.** San Juan, Puerto Rico. *Universidad de Puerto Rico, Diálogo.* Información consultada el 28 de diciembre de 2012, http://www.dialogodigital.com/.

lxxviiiCarlos Antonio Otero. **Entre la recesión y la depresión económica.** (2013). San Juan, Puerto Rico.: *El Vocero de Puerto Rico.* [Versión electrónica]; Libni Sanjurjo Meléndez. **Motivan a que recurran al autoempleo.** (2008, 12 de junio). *Primera Hora.* Guaynabo, Puerto Rico. [Versión electrónica]; Libni Sanjurjo Meléndez. **Miles compiten por plazas en escasez.** (2008, 12 de junio). *Primera Hora.* Guaynabo, Puerto Rico. [Versión electrónica].

lxxixMarian Díaz. **Urge otro tipo de empleo.** (2013). Guaynabo, Puerto Rico.: *El Nuevo Día.* Recuperado el 9 de agosto de 2013, de http://www.elnuevodia.com/; **Saldo del 2013 hasta ahora: 16,000 empleos menos.** (2013). San Juan, Puerto Rico.: *Noticel.* Información consultada el 29 de agosto de 2013, de http://www.noticel.com/.

lxxxMarian Díaz. **Urge otro tipo de empleo.** (2013). Guaynabo, Puerto Rico.: *El Nuevo Día.* Recuperado el 30 de agosto de 2013, de http://www.elnuevodia.com/.

lxxxiOscar J. Serrano. **La economía se escocotó este cuatrienio.** (2012). San Juan, Puerto Rico.: *Noticel.* Información consultada el 9 de mayo de 2013, de http://www.noticel.com/.

lxxxiiMonclova, H. & Fajardo, R. (2013). **How the economic crisis has reshaped Puerto Rico's job scene.** San Juan, Puerto Rico.: *Caribbean Business.* [Versión electrónica].

lxxxiiiAlex Figueroa Cancel. **Un escollo para los jóvenes conseguir trabajo.** (2013). Guaynabo, Puerto Rico.: *El Nuevo Día.* [Versión electrónica].

lxxxivMarian Díaz. **Urge otro tipo de empleo.** (2013). Guaynabo, Puerto Rico.: *El Nuevo Día.* Recuperado el 30 de agosto de 2013, de http://www.elnuevodia.com/. Léase, además: **USA Today destaca fuga de profesionales de Puerto Rico.** (2012). Guaynabo, Puerto Rico.: *Primera Hora.* [Versión electrónica].

lxxxvMartha Quiñones. (2009, abril). **La violencia destruye la economía.** *El Vocero de Puerto Rico.* San Juan, Puerto Rico. [Versión electrónica].

lxxxviÁngel, M. (2013). **Más grave aún que el paro juvenil.** Madrid, España.: *El País.* Consultado el 30 de agosto de 2013, de http://www.elpais.com/.

lxxxviiJoanisabel González. **Puerto Rico podría vender sus corporaciones públicas.** (2012). Guaynabo, Puerto Rico.: *El Nuevo Día.* [Versión electrónica].

lxxxviii**Reino Unido: dos años más de depresión.** (2012). Londres, Reino Unido.: *British Broadcasting Corporation (BBC).* Recuperado el 30 de diciembre de 2012, de http://news.bbc.co.uk/hi/spanish/news/. Léase, además: Monclova, H. & Fajardo, R. (2013). **How the economic crisis has reshaped Puerto Rico's job scene.** San Juan, Puerto Rico.: *Caribbean Business.* [Versión electrónica].

lxxxixIstra Pacheco. (2011). **A falta de oportunidades el punto se convierte en fuente de trabajo.** Guaynabo, Puerto Rico.: *Primera Hora.* [Versión electrónica].

xcMarian Díaz. **La realidad salarial boricua.** (2013). Guaynabo, Puerto Rico.: *El Nuevo Día.* [Versión electrónica]. Léase, además: Carlos Chirinos. **Las penurias de ganar el**

sueldo mínimo en EE.UU. (2013). Londres, Reino Unido.: *British Broadcasting Corporation (BBC)*. Recuperado el 30 de agosto de 2013, de http://news.bbc.co.uk/.

xciVéase el análisis que realizó la Sociedad para la Gerencia del Recurso Humano (SHRM, por sus siglas en inglés), en: Marian Díaz. **La realidad salarial boricua**. (2013). Guaynabo, Puerto Rico.: *El Nuevo Día*. [Versión electrónica].

xciiMichelle Fleury **¿Puede China salvar a la clase media de Estados Unidos?** (2013). Londres, Reino Unido.: *British Broadcasting Corporation (BBC)*. Recuperado el 30 de agosto de 2013, de http://news.bbc.co.uk/hi/spanish/news/.

xciiiAlana Álvarez Valle. **En picada la movilidad económica y social**. (2013). San Juan, Puerto Rico.: *El Vocero de Puerto Rico*. [Versión electrónica].

xcivTubella, P. (2013). **Las siete clases sociales en el Reino Unido**. Madrid, España.: *El País*. Consultado el 30 de agosto de 2013, de http://www.elpais.com/.

xcvMarian Díaz. **Urge otro tipo de empleo**. (2013). Guaynabo, Puerto Rico.: *El Nuevo Día*. Recuperado el 30 de agosto de 2013, de http://www.elnuevodia.com/.

xcviVéanse las palabras de José Luis Martin Descalzo, en: Señor, L. (2000). **Diccionario de Citas**. (2a.ed.). Madrid, España.: *Editorial Espasa-Calpe*, pág. 221.

xcviiMendoza, M.G. & Napoli, V. (1990). **Sociedad y cultura contemporánea**. Bogotá, Colombia. *Editorial Mcgraw-Hill*, pág.155 {ISBN: 958-600-103-2}.

xcviiiMendoza, M.G. & Napoli, V. (1990). **Sociedad y cultura contemporánea**. Bogotá, Colombia. *Editorial Mcgraw-Hill*, pág.155 {ISBN: 958-600-103-2}.

xcixLaura M. Quintero. **"Tato" García Padilla orgulloso de ayudar a amigos que quieren contratos públicos**. (2013). San Juan, Puerto Rico.: *Noticel*. Información consultada el 29 de agosto de 2013, de http://www.noticel.com/; Oscar J. Serrano. **Muchos de los padrinos en el negocio de seguros públicos de Hacienda**. (2013). San Juan, Puerto Rico.: *Noticel*. Información consultada el 29 de agosto de 2013, de http://www.noticel.com/; Jay Fonseca. (2013). **Los cuponeros millonarios también lloran (parte II)**. Guaynabo, Puerto Rico.: *Primera Hora*. [Versión electrónica].

cJay Fonseca. (2013). **Los cuponeros millonarios también lloran (parte II)**. Guaynabo, Puerto Rico.: *Primera Hora*. [Versión electrónica].

ciFonseca. J. (2013). **Cuponeros Millonarios Contraatacan (parte I)**. Guaynabo, Puerto Rico.: *Primera Hora*. [Versión electrónica].

ciiLa economía no va a mejorar, y la política no está ayudando. (2013). San Juan, Puerto Rico.: *Noticel*. Consultado el 29 de agosto de 2013, de http://www.noticel.com/.

ciiiRüdiger Safranski. (2008). **Schopenhauer y los años salvajes de la filosofía**. Barcelona, España.: *Tusquets Editores*, pág. 369.

civMendoza, M.G. & Napoli, V. (1990). **Sociedad y cultura contemporánea**. Bogotá, Colombia. *Editorial Mcgraw-Hill*, pág.155 {ISBN: 958-600-103-2}.

cvGustavo Vélez. **La década perdida**. (2012). Guaynabo, Puerto Rico.: *El Nuevo Día*. [Versión electrónica].

cviVea las palabras de Adam Smith, en: **El Gran Libro de las Citas y Frases Célebres**. (2004). Distrito Federal, México.: *Grupo Editorial Diana*, pág.340.

cviiCarmen Milagros Díaz. **Cambios en Departamento de la Familia**. (2013). San Juan, Puerto Rico.: *El Vocero de Puerto Rico*. [Versión electrónica].

cviiiObed Betancourt. **Más pobreza en la Isla**. (2008, 26 de agosto). *El Vocero de Puerto Rico*. San Juan, Puerto Rico. [Versión electrónica].

cixCarmen Milagros Díaz. **Cambios en Departamento de la Familia**. (2013). San Juan, Puerto Rico.: *El Vocero de Puerto Rico*. [Versión electrónica].

cxSandra Caquías Cruz. **En el olvido el alto nivel de pobreza**. (2006). Guaynabo, Puerto Rico.: *El Nuevo Día*. Recuperado el 31 de diciembre de 2006, de http://www.adendi.com/.

cxiPedro Santiago. **Los dioses en su locura**. (2007, 4 de enero). Guaynabo, Puerto Rico.: *El Nuevo Día*. Recuperado el 31 de enero de 2007, de http://www.adendi.com/.

cxiiSergio M. Marxuach. (2010) **¿Recesión, Depresión o Colapso?** San Juan, Puerto Rico.: *The Center for a New Economy*. Información consultada el 23 de diciembre de 2012, de http://grupocne.org/.

[cxiii]**Saldo del 2013 hasta ahora: 16,000 empleos menos**. (2013). San Juan, Puerto Rico.: *Noticel.* Información consultada el 29 de agosto de 2013, de http://www.noticel.com/.

cxiv Mendoza, M.G. & Napoli, V. (1990). **Sociedad y cultura contemporánea**. Bogotá, Colombia. *Editorial Mcgraw-Hill*, pág.154 {ISBN: 958-600-103-2}.

[cxv]Marian Díaz. **Urge otro tipo de empleo**. (2013). Guaynabo, Puerto Rico.: *El Nuevo Día*. Recuperado el 30 de agosto de 2013, de http://www.elnuevodia.com/.

cxvi Mendoza, M.G. & Napoli, V. (1990). **Sociedad y cultura contemporánea**. Bogotá, Colombia. *Editorial Mcgraw-Hill*, pág.171 {ISBN: 958-600-103-2}.

[cxvii]**Prescindiendo de lo básico: los españoles reducen la compra de alimentos**. (2013). Moscú, Rusia.: *Russia Today*. Información consultada el 12 de agosto de 2013, de http://actualidad.rt.com/.

[cxviii]José A. Delgado. **Más pobres y más PAN en la Isla**. (2012). Guaynabo, Puerto Rico.: *El Nuevo Día*. [Versión electrónica].

[cxix]**Odisea hipotecaria**. (2013). Guaynabo, Puerto Rico.: *El Nuevo Día*. Recuperado el 10 de agosto de 2013, de http://www.elnuevodia.com/.

[cxx]**Hombre se hace heridas cortantes en medio de desahucio**. (2013). Guaynabo, Puerto Rico.: *El Nuevo Día*. [Versión electrónica].

[cxxi]Christopher Leonard. **En la recesión, incluso quienes tienen trabajo sufren**. (2009, marzo). *Primera Hora*. Guaynabo, Puerto Rico. [Versión electrónica].

[cxxii]Sandra Caquías Cruz. **Ahogados en basura**. (2013). Guaynabo, Puerto Rico.: *El Nuevo Día*. [Versión electrónica].

[cxxiii]Véase el análisis del Dr. Gary Gutiérrez, profesor de justicia criminal en la Universidad Interamericana de Puerto Rico, en: Brunymarie Velázquez. **Si no mejora la economía no baja el crimen**. (2012). Guaynabo, Puerto Rico.: *El Nuevo Día*. [Versión electrónica].

[cxxiv]Según explica el economista Joaquín Villamil, en: Brunymarie Velázquez. **Si no mejora la economía no baja el crimen**. (2012). Guaynabo, Puerto Rico.: *El Nuevo Día*. [Versión electrónica].

[cxxv]Véase un análisis realizado –y dado a conocer en 2012– por el Dr. José Alameda, un afamado economista que es catedrático de la Universidad de Puerto Rico, en: Brunymarie Velázquez. **Si no mejora la economía no baja el crimen**. (2012). Guaynabo, Puerto Rico.: *El Nuevo Día*. [Versión electrónica].

cxxvi Vea las palabras de Horacio, en: Márquez, F. (2005). **Frases Célebres**. Madrid, España.: *Editorial Dipel*, pág.110.

[cxxvii]**Alarmante informe sobre el narcotráfico en la Isla**. (2009). Guaynabo, Puerto Rico.: *El Nuevo Día*. Recuperado el 29 de diciembre de 2012, de http://www.adendi.com/.

[cxxviii]**Puerto Rico: hacerse soldado americano**. (2010). Londres, Reino Unido.: *British Broadcasting Corporation (BBC)*. Recuperado el 30 de diciembre de 2011, de http://news.bbc.co.uk/hi/spanish/news/.

cxxix Véanse las palabras de Marco Aurelio, en: **El Gran Libro de las Citas y Frases Célebres**. (2004). Distrito Federal, México.: *Grupo Editorial Diana*, pág.166.

[cxxx]**México: los morros del narco**. (2012). Reino de los Países Bajos, Unión Europea.: *Radio Nederland Internacional*. Consultado el 29 de agosto de 2013, de http://www.rnw.nl/espanol/.

[cxxxi]**México: los morros del narco**. (2012). Reino de los Países Bajos, Unión Europea.: *Radio Nederland Internacional*. Información consultada el 29 de agosto de 2013, de http://www.rnw.nl/espanol/.

[cxxxii]**Feds nab dozens for Social Security fraud**. (2013). San Juan, Puerto Rico.: *Caribbean Business*. [Versión electrónica]; Mariana Cobián. **74 órdenes de arresto por timo al Seguro Social**. (2013). Guaynabo, Puerto Rico.: *El Nuevo Día*. [Versión electrónica]; Mariana Cobián. **Sentencian a 10 años en prisión a médico por fraude contra el Medicare**. (2013). Guaynabo, Puerto Rico.: *Primera Hora*. [Versión electrónica]; Mariana Cobián. **Allanamientos por supuesto fraude al Seguro Social**. (2013). Guaynabo, Puerto Rico.: *Primera Hora*. [Versión electrónica].

[cxxxiii]**Feds nab dozens for Social Security fraud.** (2013). San Juan, Puerto Rico.: *Caribbean Business.* [Versión electrónica].

[cxxxiv]Molly McDonough. **For-profit school strikes $10M settlement deal over charges it inflated job-placement rates.** (2013). Chicago, IL.: *American Bar Association Journal.* Información consultada el 20 de agosto de 2013, de http://www.abajournal.com/; **Group Seeks Resignation of Rutgers-Camden Law Official.** (2012). Washington, DC.: *Inside Higher Ed.* Información consultada el 30 de agosto de 2012, de http://www.insidehighered.com/.

[cxxxv]Sara M. Justicia Doll. **En la escuela de día y trabajador sexual de noche.** (2010, febrero). Guaynabo, Puerto Rico.: *Primera Hora.* [Versión electrónica].

[cxxxvi]Vea las palabras de Thomas Jefferson, en: **El Gran Libro de las Citas y Frases Célebres.** (2004). Distrito Federal, México.: *Grupo Editorial Diana,* pág.345.

[cxxxvii]Mendoza, M.G. & Napoli, V. (1990). **Sociedad y cultura contemporánea.** Bogotá, Colombia. *Editorial Mcgraw-Hill,* pág.164 {ISBN: 958-600-103-2}.

[cxxxviii]Andreu, L. (2012). **Puerto Rico pierde hombres a la violencia y la emigración.** San Juan, Puerto Rico.: *Centro de Periodismo Investigativo.* Información consultada el 31 de diciembre de 2012, de http://www.cpipr.org/inicio/.

[cxxxix]Raúl Camilo Torres. **Crisis demográfica tras fuga boricua.** (2013). San Juan, Puerto Rico.: *El Vocero de Puerto Rico.* [Versión electrónica]. Léase, además: Benjamín Torres Gotay. **La isla que se vacía.** (2010, diciembre). Guaynabo, Puerto Rico.: *El Nuevo Día.* [Versión electrónica].

[cxl]Monclova, H. & Fajardo, R. (2013). **How the economic crisis has reshaped Puerto Rico's job scene.** San Juan, Puerto Rico.: *Caribbean Business.* [Versión electrónica]; Raúl Camilo Torres. **Crisis demográfica tras fuga boricua.** (2013). San Juan, Puerto Rico.: *El Vocero de Puerto Rico.* [Versión electrónica].

[cxli]Raúl Camilo Torres. **Crisis demográfica tras fuga boricua.** (2013). San Juan, Puerto Rico.: *El Vocero de Puerto Rico.* [Versión electrónica].

[cxlii]Raúl Camilo Torres. **Crisis demográfica tras fuga boricua.** (2013). San Juan, Puerto Rico.: *El Vocero de Puerto Rico.* [Versión electrónica].

cxliiiVea las palabras de Thomas Jefferson, en: **El Gran Libro de las Citas y Frases Célebres.** (2004). Distrito Federal, México.: *Grupo Editorial Diana,* pág.345.

cxlivMendoza, M.G. & Napoli, V. (1990). **Sociedad y cultura contemporánea.** Bogotá, Colombia. *Editorial Mcgraw-Hill,* pág.167 {ISBN: 958-600-103-2}. Léase, además: Emmanuelli, R. (2011). **El liderato de Puerto Rico: sin remedios para la crisis económica.** Ponce, Puerto Rico.: *Periódico La Perla.* Información consultada el 13 de agosto de 2013, de http://www.periodicolaperla.com/.

cxlv**Sean Coughlan. EE.UU.: el ascenso social va en descenso.** (2012). Londres, Reino Unido.: *British Broadcasting Corporation (BBC).* Recuperado el 30 de diciembre de 2012, de http://news.bbc.co.uk/hi/spanish/news/.

cxlviMichelle Fleury **¿Puede China salvar a la clase media de Estados Unidos?** (2013). Londres, Reino Unido.: *British Broadcasting Corporation (BBC).* Recuperado el 30 de agosto de 2013, de http://news.bbc.co.uk/hi/spanish/news/.

cxlviiVéase un análisis realizado por el Centro de Investigación sobre Economía y Políticas (CEPR, por sus siglas en inglés); er: William Márquez. **Crece el número de trabajos malos en EE.UU.** (2012). Londres, Reino Unido.: *British Broadcasting Corporation (BBC).* Recuperado el 30 de diciembre de 2012, de http://news.bbc.co.uk/hi/spanish/news/.

cxlviiiVea las palabras de Adam Smith, en: **El Gran Libro de las Citas y Frases Célebres.** (2004). Distrito Federal, México.: *Grupo Editorial Diana,* pág.340.

cxlixVea las palabras de Jeanne Bourgeois, en: Márquez, F. (2005). **Frases Célebres.** Madrid, España.: *Editorial Dipel,* pág.109.

clRafael Martínez Mendoza. (2011). **Crisis económica, familia y salud mental.** Guaynabo, Puerto Rico.: *El Nuevo Día.* [Versión electrónica].

cliRafael Martínez Mendoza. (2011). **Crisis económica, familia y salud mental.** Guaynabo, Puerto Rico.: *El Nuevo Día.* [Versión electrónica].

[clii]**El temor financiero puede provocar que las mamás les peguen más a sus hijos.** (2013). Caguas, Puerto Rico.: *Metro.* Información consultada el 28 de agosto de 2013, de http://www.metro.pr/.

[cliii]Aurora Rivera Arguinzoni. **La crisis económica dispara los suicidios.** (2012). Guaynabo, Puerto Rico.: *El Nuevo Día.* [Versión electrónica]. Léase, además: **Las medidas de austeridad pueden afectar la salud.** (2013). Londres, Reino Unido.: *British Broadcasting Corporation (BBC).* Recuperado el 30 de julio de 2013, de http://news.bbc.co.uk/hi/spanish/news/.

[cliv]Estepa, H. (2012). **Me he quedado sin dinero, no tengo para comer. ¿Alguien conoce alguna solución?** Madrid, España.: *El Mundo.* Consultado el 29 de diciembre de 2012, de http://www.elmundo.es/.

[clv]Ewerthon Tobace. **Se disparan los suicidios en Japón.** (2009, marzo). *British Broadcasting Corporation (BBC).* Londres, Reino Unido. Recuperado el 30 de diciembre de 2009, de http://news.bbc.co.uk/hi/spanish/news/.

[clvi]Ewerthon Tobace. **Se disparan los suicidios en Japón.** (2009, marzo). *British Broadcasting Corporation (BBC).* Londres, Reino Unido. Recuperado el 30 de diciembre de 2009, de http://news.bbc.co.uk/hi/spanish/news/.

[clvii]**Las medidas de austeridad pueden afectar la salud.** (2013). Londres, Reino Unido.: *British Broadcasting Corporation (BBC).* Recuperado el 30 de julio de 2013, de http://news.bbc.co.uk/hi/spanish/news/.

[clviii]Aída Prados. **La presión de ser el verdugo de los desahucios en España.** (2013). Londres, Reino Unido.: *British Broadcasting Corporation (BBC).* Recuperado el 30 de agosto de 2013, de http://news.bbc.co.uk/hi/spanish/news/; Arroyo, F. (2012). **La izquierda ha desaparecido.** Madrid, España.: *El País.* Consultado el 30 de diciembre de 2012, de http://www.elpais.com/.

[clix]**Multitudinario funeral de anciano que se suicidó en parlamento en Grecia.** (2012). Guaynabo, Puerto Rico.: *El Nuevo Día.* Recuperado el 30 de diciembre de 2012, de http://www.elnuevodia.com/.

[clx]**Multitudinario funeral de anciano que se suicidó en parlamento en Grecia.** (2012). Guaynabo, Puerto Rico.: *El Nuevo Día.* Recuperado el 30 de diciembre de 2012, de http://www.elnuevodia.com/.

[clxi]Aurora Rivera Arguinzoni. **La crisis económica dispara los suicidios.** (2012). Guaynabo, Puerto Rico.: *El Nuevo Día.* [Versión electrónica].

[clxii]Melisa Ortega Marrero. **Cada tres horas hay un intento de suicidio en Puerto Rico.** (2013). Guaynabo, Puerto Rico.: *Primera Hora.* [Versión electrónica].

[clxiii]Aurora Rivera Arguinzoni. **La crisis económica dispara los suicidios.** (2012). Guaynabo, Puerto Rico.: *El Nuevo Día.* [Versión electrónica].

[clxiv]Chris M. Pagán Banuchi. (2012). **Colegas hablan de abogado suicida en Hacienda.** San Juan, Puerto Rico.: *Noticel.* Información consultada el 29 de diciembre de 2012, de http://www.noticel.com/.

[clxv]Melisa Ortega Marrero. **Cada tres horas hay un intento de suicidio en Puerto Rico.** (2013). Guaynabo, Puerto Rico.: *Primera Hora.* [Versión electrónica].

[clxvi]**No cuadran las cifras de los suicidios.** (2013). Guaynabo, Puerto Rico.: *Primera Hora.* [Versión electrónica].

[clxvii]Christopher Leonard. **En la recesión, incluso quienes tienen trabajo sufren.** (2009, marzo). *Primera Hora.* Guaynabo, Puerto Rico. [Versión electrónica].

[clxviii]Véanse las palabras de Fedro, en: Señor, L. (2000). **Diccionario de Citas.** (2a.ed.). Madrid, España.: *Editorial Espasa-Calpe,* pág.147.

[clxix]Vea las palabras del Dr. Friedrich Nietzsche, en: **El Gran Libro de las Citas y Frases Célebres.** (2004). Distrito Federal, México.: *Grupo Editorial Diana,* pág.396.

[clxx]Véanse las palabras de Cicerón, en: Señor, L. (2000). **Diccionario de Citas.** (2a.ed.). Madrid, España.: *Editorial Espasa-Calpe,* pág.147.

[clxxi]Véanse las palabras Immanuel Kant, en: Señor, L. (2000). **Diccionario de Citas.** (2a.ed.). Madrid, España.: *Editorial Espasa-Calpe,* pág.148.

clxxiiBelén Escudero. **Menos sexo y de peor calidad en España**. (2012). Guaynabo, Puerto Rico.: *El Nuevo Día*. [Versión electrónica].

clxxiiiOlga Román. **Grave problema la falta de sexo en una pareja**. (2011). Guaynabo, Puerto Rico.: *Primera Hora*. [Versión electrónica].

clxxivVea el análisis que realizó la Organización para la Cooperación y el Desarrollo Económico (OCDE), en: Sean Coughlan. **EE.UU.: el ascenso social va en descenso**. (2012). Londres, Reino Unido.: *British Broadcasting Corporation (BBC)*. Recuperado el 30 de diciembre de 2012, de http://news.bbc.co.uk/hi/spanish/news/.

clxxvSean Coughlan. **EE.UU.: el ascenso social va en descenso**. (2012). Londres, Reino Unido.: *British Broadcasting Corporation (BBC)*. Recuperado el 30 de diciembre de 2012, de http://news.bbc.co.uk/hi/spanish/news/.

clxxviFitch **coloca la deuda de Puerto Rico en alerta negativa**. (2013). San Juan, Puerto Rico.: *Noticel*. Información consultada el 29 de mayo de 2013, de http://www.noticel.com/.

clxxviiLos **80 millones de empleos perdidos**. (2011). Argentina, Latinoamérica.: *Página 12*. Información consultada el 22 de diciembre de 2012, de http://www.pagina12.com.ar/.

clxxviiiAssociation for Psychological Science. **"People seek high-calorie foods in tough times."** *ScienceDaily*, 22 Jan. 2013. Web. 8 Aug. 2013.

clxxixComer **saludablemente es privilegio de los ricos**. (2011). Guaynabo, Puerto Rico.: *El Nuevo Día*. [Versión electrónica].

clxxxComer **saludablemente es privilegio de los ricos**. (2011). Guaynabo, Puerto Rico.: *El Nuevo Día*. [Versión electrónica].

clxxxiComer **saludablemente es privilegio de los ricos**. (2011). Guaynabo, Puerto Rico.: *El Nuevo Día*. [Versión electrónica].

clxxxiiJay Fonseca. (2013) **¿Somos un pueblo de vagos?** Guaynabo, Puerto Rico.: *Primera Hora*. [Versión electrónica].

clxxxiiiPor **qué los ricos viven más**. (2012). Nueva York, EE. UU.: *The Wall Street Journal*. Consultado el 30 de diciembre de 2012, de http://online.wsj.com/public/page/espanol-inicio.html.

clxxxivPuerto **Rico, entre encanto turístico y espanto económico**. (2013). Moscú, Rusia.: *Russia Today (RT)*. Información consultada el 18 de agosto de 2013, de http://actualidad.rt.com/.

clxxxvMendoza, M.G. & Napoli, V. (1990). **Sociedad y cultura contemporánea**. Bogotá, Colombia. *Editorial Mcgraw-Hill*, pág.154 {ISBN: 958-600-103-2}.

clxxxviRiesgos **para el sector privado**. (2006, 22 de febrero). Guaynabo, Puerto Rico.: *El Nuevo Día*. Recuperado el 22 de febrero de 2006, de http://www.endi.com/. Léase, además: Maritza Díaz Alcaide. **Más del doble del alza de agua para el comercio**. (2013). Guaynabo, Puerto Rico.: *Primera Hora*. [Versión electrónica].

clxxxviiBary, A. (2013) **¿Puerto Rico podría ser el próximo Detroit?** (2013). Nueva York, EE. UU.: *The Wall Street Journal*. Información consultada el 30 de agosto de 2013, de http://online.wsj.com/public/page/espanol-inicio.html.

clxxxviiiInfluyente **publicación pinta cuadro tétrico de finanzas de PR**. (2013). Caguas, Puerto Rico.: *Metro*. Información consultada el 28 de agosto de 2013, de http://www.metro.pr/.

clxxxixJanet Álvarez González. **¿Quién puede invertir en Puerto Rico?** (2007, 1 de diciembre). *El Vocero de Puerto Rico*. San Juan, Puerto Rico. [Versión electrónica].

cxcOscar J. Serrano. **Familia de banquero asesinado demanda a Doral por matanza de encargo**. (2013). San Juan, Puerto Rico.: *Noticel*. Información consultada el 29 de agosto de 2013, de http://www.noticel.com/.

cxciMelissa Correa Velázquez. **Otro arresto en caso asesinato de empresario canadiense**. (2013). San Juan, Puerto Rico.: *El Vocero de Puerto Rico*. [Versión electrónica].

cxciiLuis Alberto Ferré Rangel. **Hacia una economía sustentable y solidaria**. (2012). Guaynabo, Puerto Rico.: *El Nuevo Día*. [Versión electrónica].

cxciiiJanet Álvarez González. **¿Quién puede invertir en Puerto Rico?** (2007, 1 de diciembre). *El Vocero de Puerto Rico.* San Juan, Puerto Rico. [Versión electrónica].
cxcivGustavo Vélez. **En búsqueda de un norte económico.** (2012). Guaynabo, Puerto Rico.: *El Nuevo Día.* [Versión electrónica].
cxcvGustavo Vélez. **La década perdida.** (2012). Guaynabo, Puerto Rico.: *El Nuevo Día.* [Versión electrónica].
cxcviEly Acevedo Denis. **Más allá del disparo: economía enredada en la criminalidad.** (2012). San Juan, Puerto Rico.: *Noticel.* Información consultada el 29 de diciembre de 2012, de http://www.noticel.com/.
cxcviiAlana Álvarez Valle. **En picada la movilidad económica y social.** (2013). San Juan, Puerto Rico.: *El Vocero de Puerto Rico.* [Versión electrónica].
cxcviii**El futuro de Puerto Rico y su deteriorada economía.** (2012). Londres, Reino Unido.: *British Broadcasting Corporation (BBC).* Recuperado el 30 de diciembre de 2012, de http://news.bbc.co.uk/hi/spanish/news/.
cxcix**La dura realidad del bolsillo boricua.** (2011). Guaynabo, Puerto Rico.: *El Nuevo Día.* Recuperado el 30 de diciembre de 2011, de http://www.elnuevodia.com/.
ccAndrés Bosa Matos. **Tierra de ricos.** (2013). Guaynabo, Puerto Rico.: *El Nuevo Día.* [Versión electrónica].
cciMendoza, M.G. & Napoli, V. (1990). **Sociedad y cultura contemporánea.** Bogotá, Colombia. *Editorial Mcgraw-Hill,* pp. 168-169. {ISBN: 958-600-103-2}.
cciiMendoza, M.G. & Napoli, V. (1990). **Sociedad y cultura contemporánea.** Bogotá, Colombia. *Editorial Mcgraw-Hill,* pág.161 {ISBN: 958-600-103-2}.
cciii**Capitalismo y financiarización.** (2013). Guaynabo, Puerto Rico.: *El Nuevo Día.* [Versión electrónica].
cciv**Capitalismo y financiarización.** (2013). Guaynabo, Puerto Rico.: *El Nuevo Día.* [Versión electrónica].

www.ingramcontent.com/pod-product-compliance
Lightning Source LLC
Chambersburg PA
CBHW030806180526
45163CB00003B/1162